図解 PREMIUM

眠れなくなるほど面白い

ヤバい間取りの話

トキオ・ナレッジ 監修
Tokio Knowledge

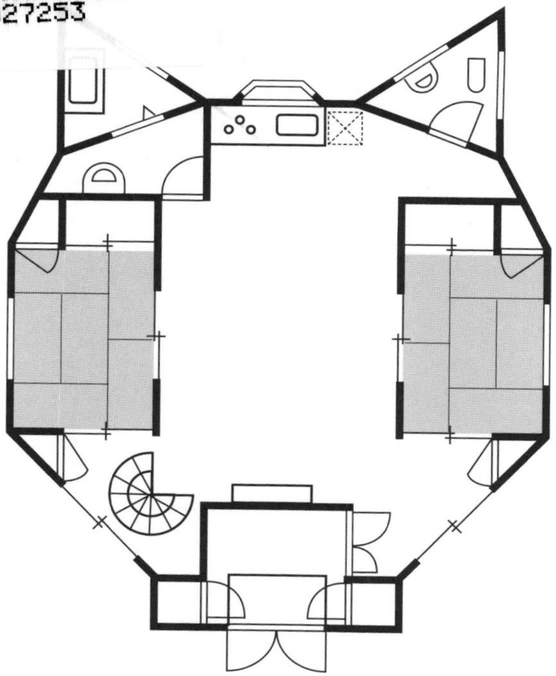

日本文芸社

はじめに

「間取り」とは、あなたがネットカフェ難民でもない限り、
とても身近なものだと言えるでしょう。
今、あなたの住んでいる家がマンションであれアパートであれ戸建であれ
テラスハウスであれ、どんな物件にも、間取りは存在するものだからです。

世のなか、さまざま。人もさまざま。もちろん、間取りもさまざま。
なかには、「なぜ、こんな間取りに?」「嘘でしょ? 嘘なんでしょ?」と、
つい聞きたくなってしまうものだってあります。

本書では、そうした謎が謎を呼ぶ不思議な間取りや、
居住者やオーナーの事情が透けて見えて
クスっと笑えるような間取り、
実際に住んだら不便そうな間取り、危険度マシマシの間取り、
思わず「ヤバっ!」と声をあげてしまいそうな間取り、

何かのシルエットにそっくりな間取り、
どこかで見たことのあるような形の間取りなどを集めました。

普段、間取りをまじまじと眺める機会なんて、
住むための家を探しているときくらいしかないかもしれません。
あるいは、相当の間取り好きでない限り、関心を抱かないでしょう。

ですが、本書にて取りあげたさまざまな間取りを見てみて、
「こんな間取りもあるんだ」と愉しんでもらえたら幸いです。

トキオ・ナレッジ

間取り図の表記の説明

記号	意味
玄	玄関
SB	下駄箱（シューズボックス）
MB	メーターボックス
PS	配管スペース（パイプ・スペース／パイプ・シャフト）
LDK	リビング・ダイニング・キッチン
AC	エアコン
物	物入れ・収納
S	納戸（サービスルーム）
CL	クローゼット
WIC	大きな収納空間（ウォーク・イン・クローゼット）
WTC	歩いて通り抜けできる収納（ウォーク・スルー・クローゼット）

記号	意味
	開き戸
	引き戸
	柱
	壁
	扉、窓
WC	トイレ（ウォーター・クローゼット）
UB	ユニットバス
冷	冷蔵庫置き場　※「R」表記の場合も（=Refrigerator）
洗	洗濯機置き場　※「W」表記の場合も（=Washing machine）

「LDK」を日本語に置き換えると、居間・食堂・台所。これらの機能が一室に併存していることを表すが、2帖程度の広さしかないキッチンを「LDK」と無理やり表記することはできない。「LDK」だと8畳以上、「DK」だと4.5畳以上の広さが必要なんだ。

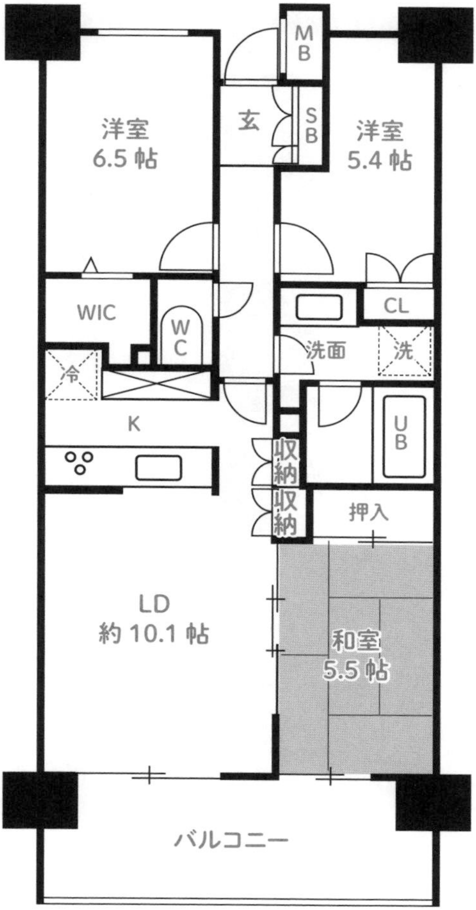

「1帖（畳）」の広さは1.62㎡。つまり、「洋6帖」と書いてあれば、9.72㎡の大きさになる。しかし、実際の畳は「江戸間」(1.548㎡)、「京間」(1.824㎡)、「中京間」(1.656㎡)、「団地」(1.445㎡)といった種類があり、サイズが異なるのだ。

眠れなくなるほど面白い

図解 ヤバい間取りの話

もくじ

第5章 規格外の大きさ、迷惑すぎる形

第7章 特徴的なシルエット

＊本書に掲載した間取り図は、実在する、また実在した物件の間取り図を元に編集部で新たに作成いたしました。ただし、プライバシーや防犯に配慮して、適宜、加筆、修正を施してあります。ご了承ください。

第1章

意味がわかると面白い間取り

意味がわかると面白い間取り

居住者の〝特殊な事情〟が想像できるつくり

パッと見ただけでは何も違和感のない間取りのなかに、「あれ、よく見たら変だぞ」「なんだ、これは」と言いたくなるような形や表記のものがあります。

そんな間取りも、少し考えてみると「あ、こんな理由があるのかな」と、居住者の〝特殊な事情〟が見えてきたりするのです。

その事情とは、住む人の性格が横着もしくはせっかちなのではないかと考えさせられるものや、可愛げがあってロマンチックなもの、ちょっとホラーチックで犯罪チックなものなど、さまざま。

そして、施主《せしゅ》（建築主）や実際に住む人だけではなく、設計した建築士、間取りをつくった不動産屋の都合や気持ちが反映されている場合もあります。それを感じとり、裏側の事情がわかれば、「あぁ、なるほどね」と納得できるものです。

その考察自体はこちらの勝手な想像で、正解があるものではありません。ですから、見る人によっては答えが変わる可能性もあり、思いもよらない新しい視点や考察はまだほかにあるかもしれないのです。

次ページ以降に続く間取りの数々を見て、その部屋に住む人たちにどんな事情があるのか、あなたも想像してみるといいでしょう。

ドアを閉めてトイレできない人のために

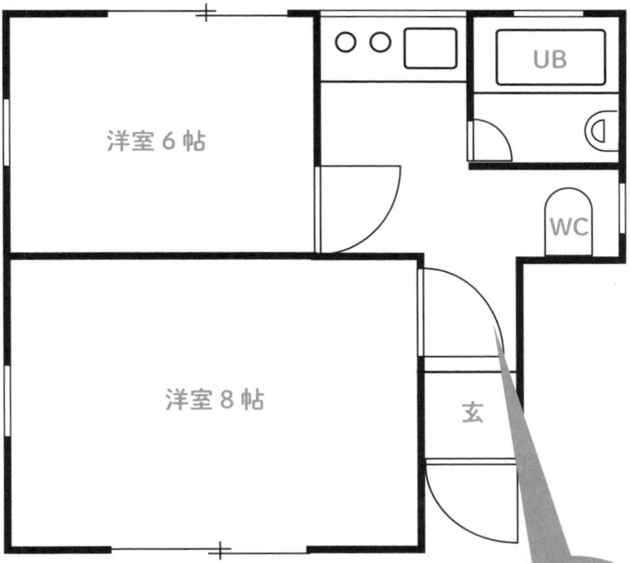

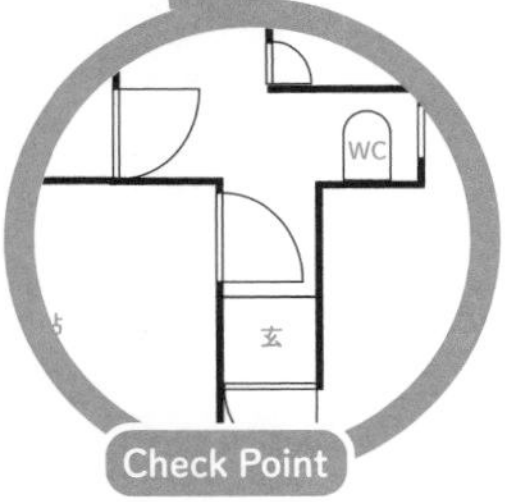

世のなかにはトイレのドアを閉めて排泄することができない人がいるが、この間取りを考えた人もそうであるに違いない。行きついたのが、この開放型トイレだったのだろう。

表からも逃げられる部屋

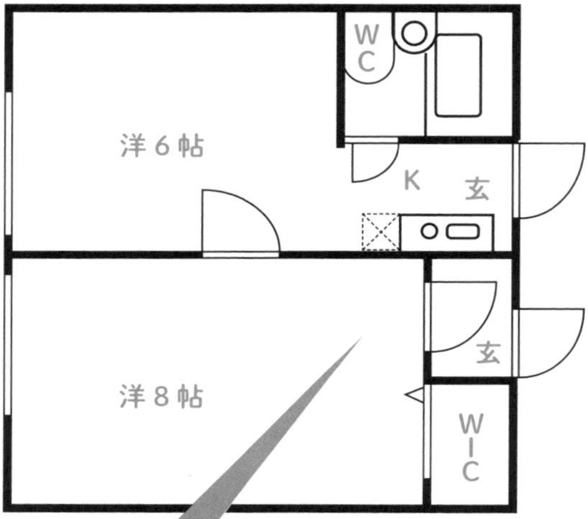

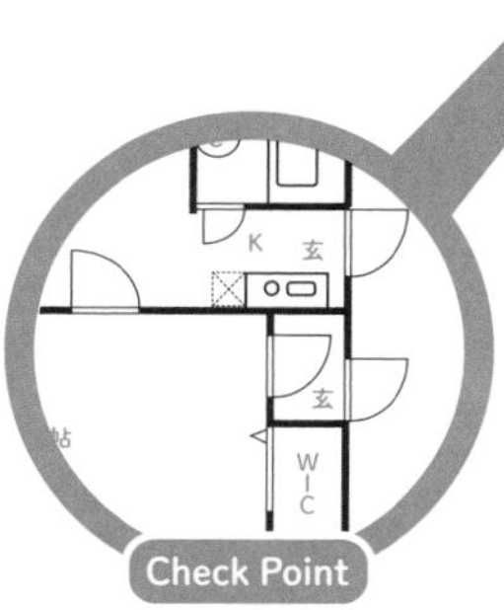

よく見ると玄関が2つある。洋室はつながっているのに。万が一、追跡者が家を訪ねてきても裏口ではなく別の表口から逃げられるようにつくられた部屋だったりして。

和洋折衷を採用した部屋

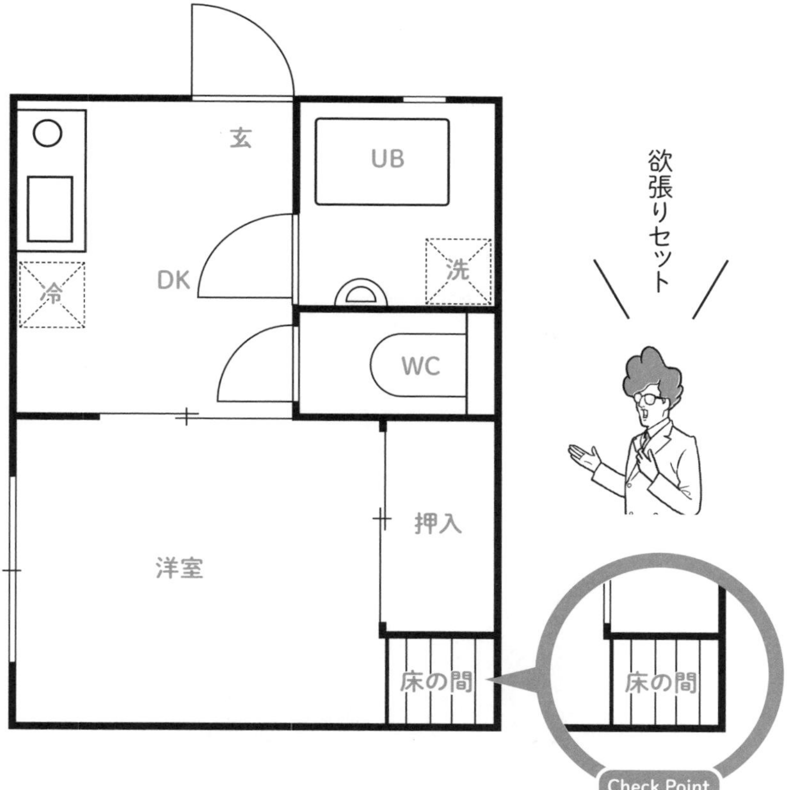

「床の間」の存在によって、この部屋がもともと和室だったことがわかる。そして、その表記を残すことで、和洋折衷っぽい部屋となった。正直、違和感は否めないが、それだけ和に対する思い入れが強かったのかもしれない。

プラネタリウムを楽しむための空間?

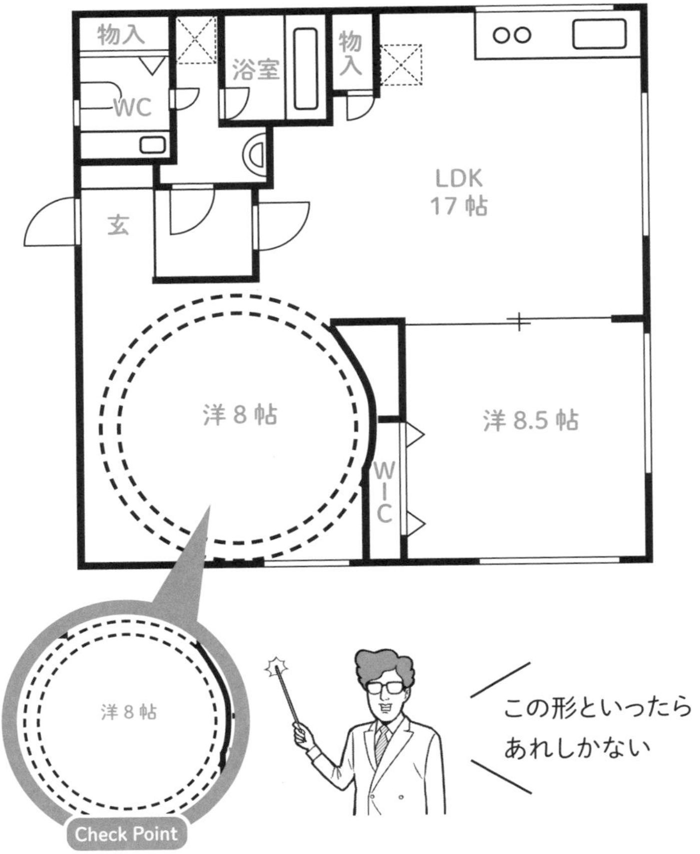

8帖の空間にでかでかと存在感を示す円状の点線……この形はやはり、プラネタリウムだろう。とうとう自宅につくってしまったのだ、天体観測を楽しみたいがあまりに。

2つの部屋を一つにした賃貸マンション

玄関が2つあるのはそういうこと?

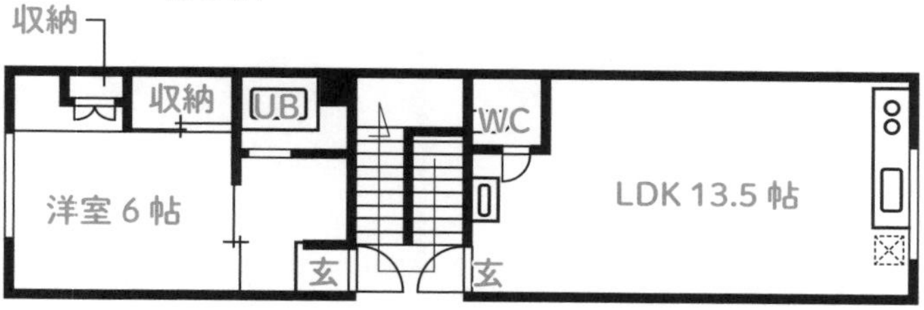

どうしても1LDKの間取りにしたかったのだろう。そうするには、2つの部屋を一つにするしかない。オーナーはきっと、その考えに行きついたのだ。だが、2つもある玄関は、きっと持て余すに違いない。

大の露天風呂好きが高じて

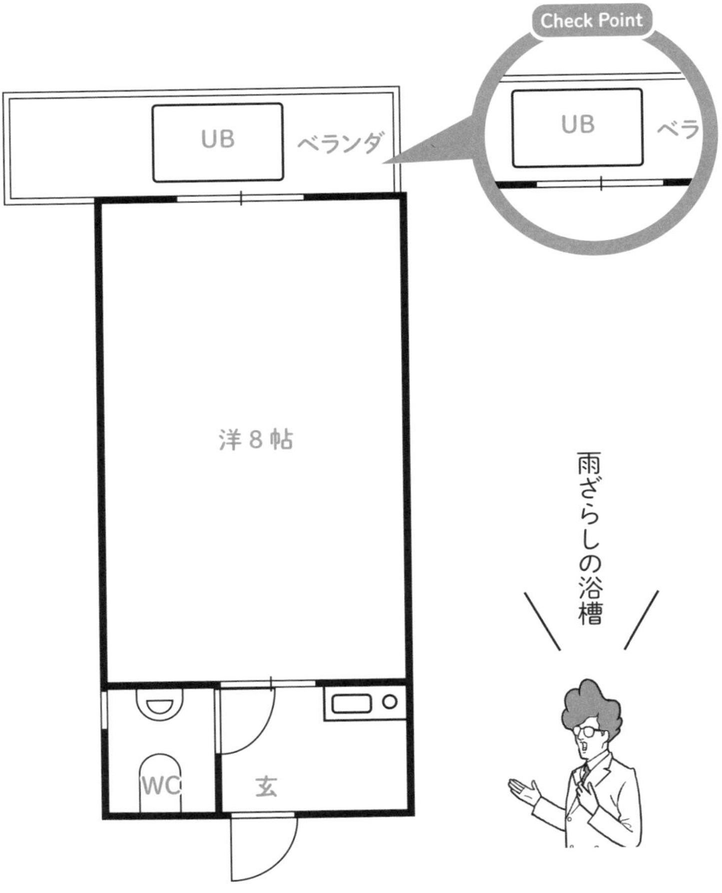

露天風呂があまりに好きすぎると、自宅にも欲しくなってしまうものだ。そんな思いを止めることができなくなった施主は、ついにベランダに浴室を設けてしまった！

どこからでも私を見て!?

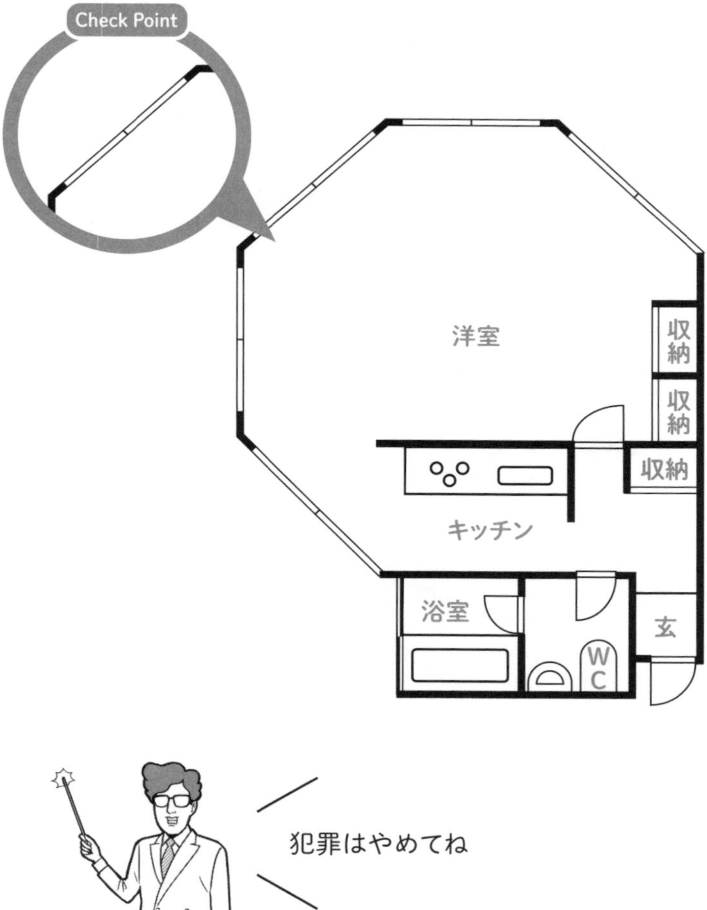

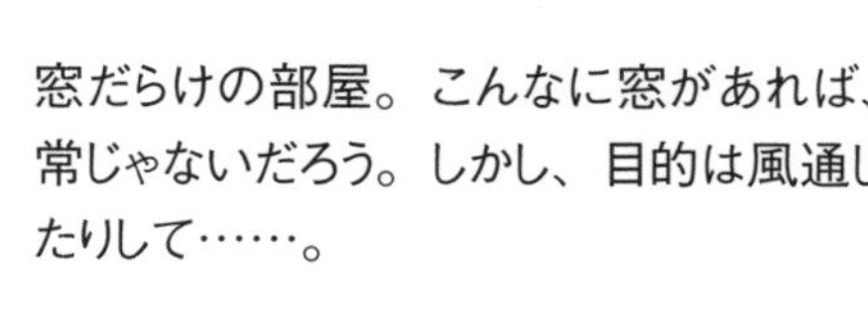

窓だらけの部屋。こんなに窓があれば、風通しのよさは尋常じゃないだろう。しかし、目的は風通しではなく、別にあったりして……。

和の文化を忘れないために

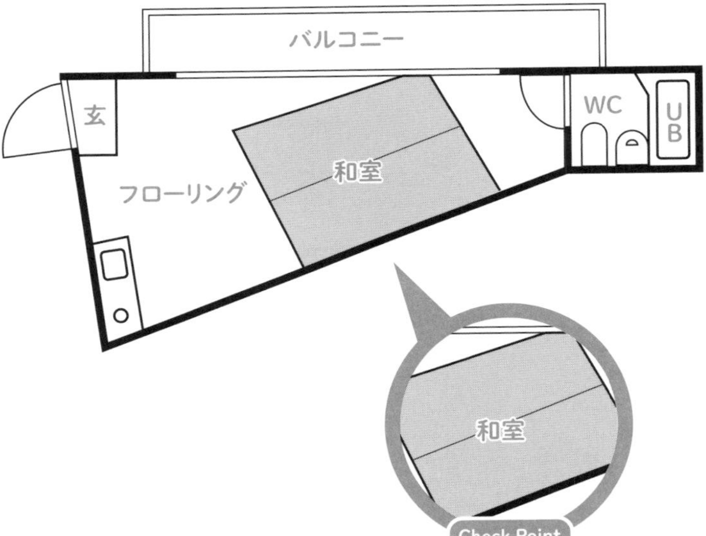

部屋の形もいびつだが、畳の形もまたいびつ。そして、畳2帖弱で和室と名乗るふてぶてしさ。それにしても、もう少し位置を玄関側にずらせば、畳を切らずに済んだのに。

きれい好きなサーファーが考えた間取り

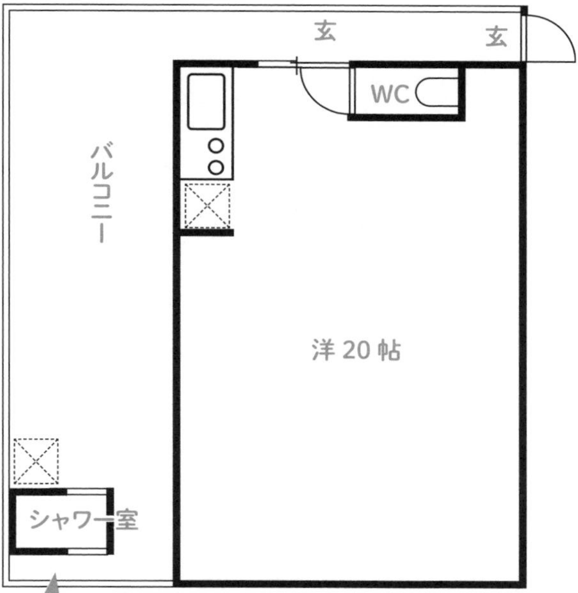

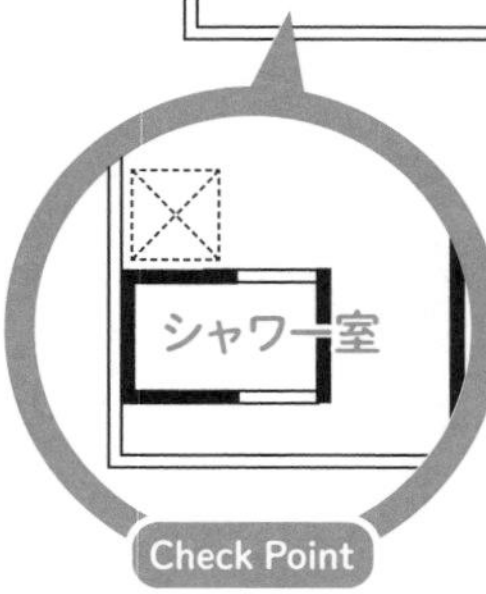

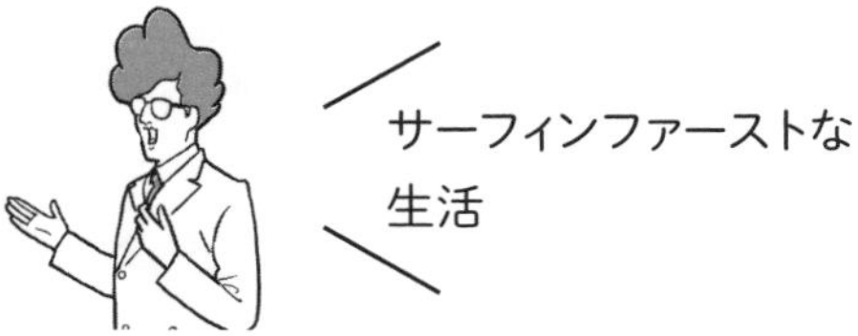

玄関を開けたらバルコニー。そしてその奥にはシャワー室がある。サーフィンを終えて体が砂まじりの状態では、家に入りたくないだろう。サーファーが考えた合理的間取りというところだろうか。

きれいに収めたい建築士の気持ち

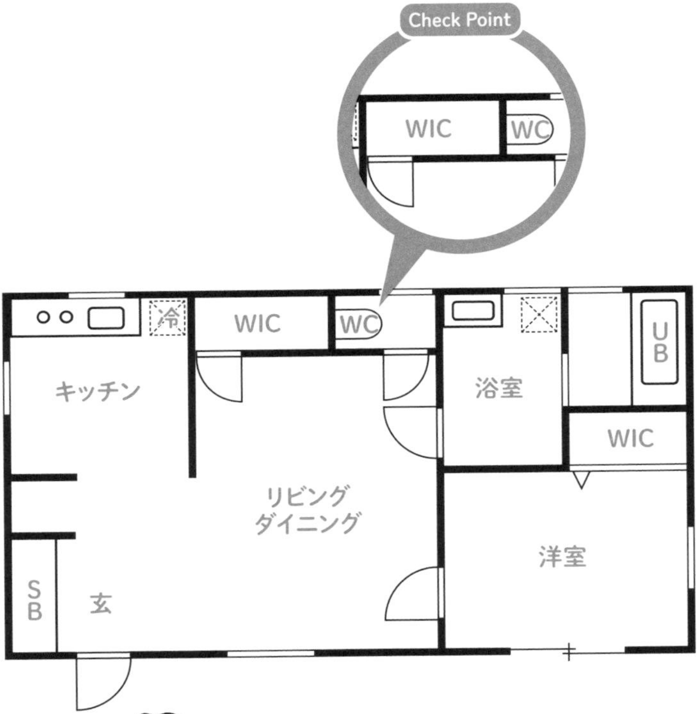

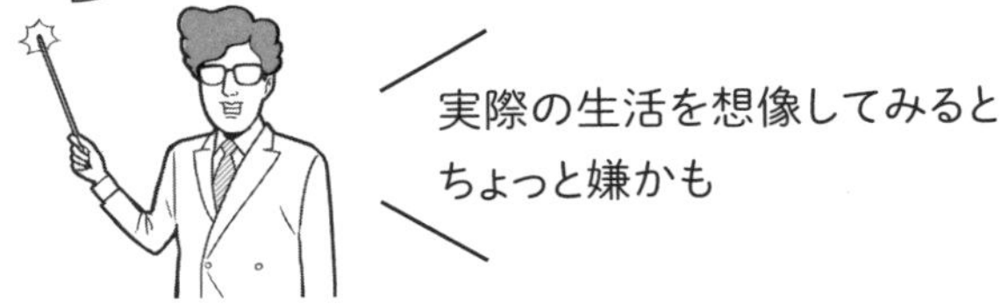

建築士にとって、間取りの“収まり”は設計のポイントの一つ。しかし、それを優先しすぎると、このようにLDのすぐ隣にトイレがあるような不自然な間取りになってしまうので気をつけよう。

「2K」と載せたい気持ち

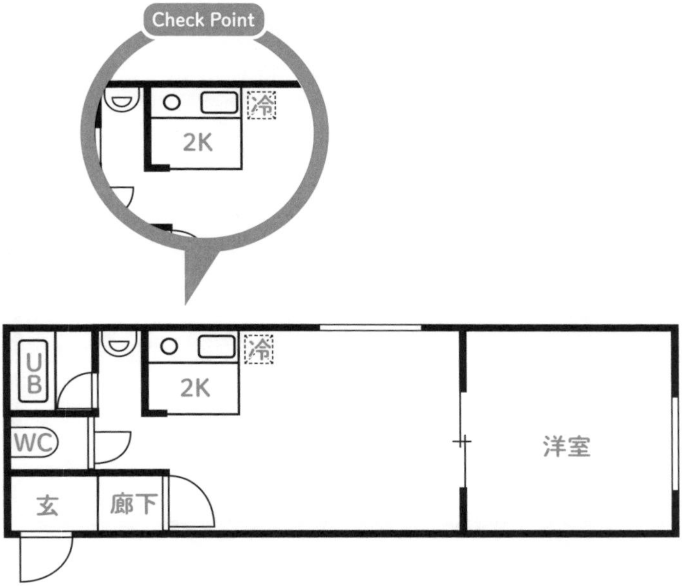

一見すると1DKの部屋だが、表記は2K。部屋の数が2つあることを不動産ポータルサイト上でアピールしたかったのかもしれないが、やや無理がある。

トイレのあとに手を洗わない主義だから

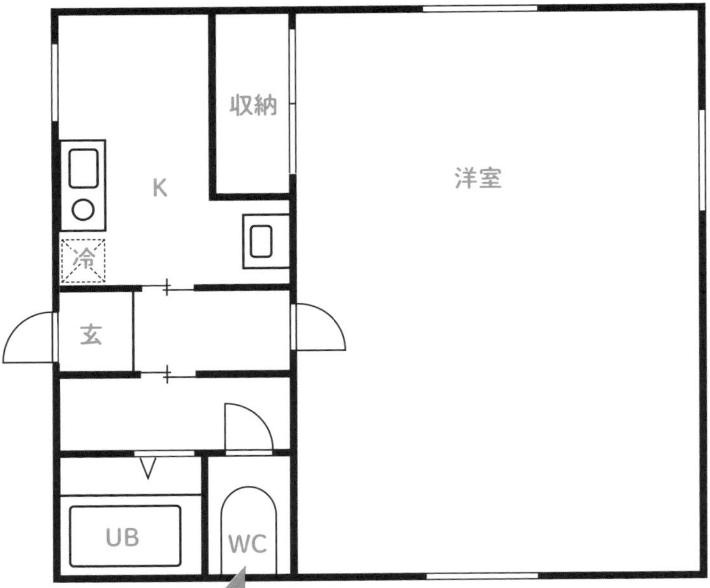

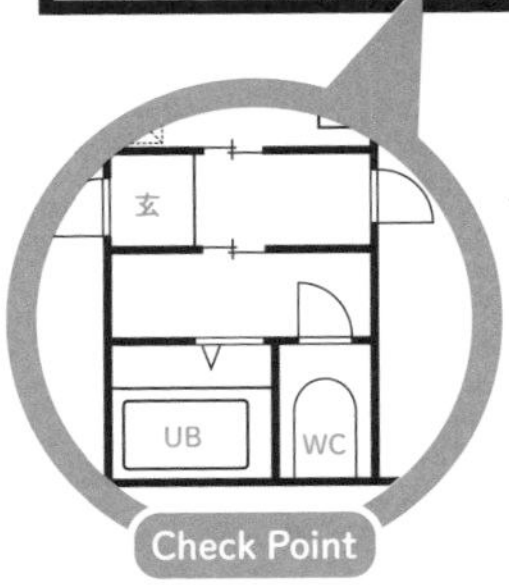

よく見ると、洗面台の位置がトイレや浴室の近くではなく、キッチンのそばにある。あまり見ない構図だ。もしかして……トイレのあとに手を洗わないタイプ？

帰って即、手洗いしたいから

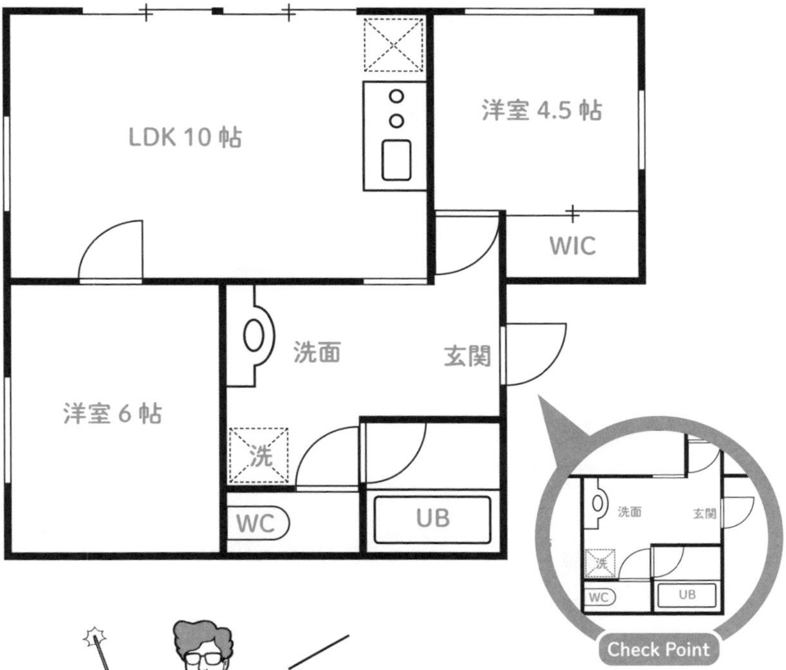

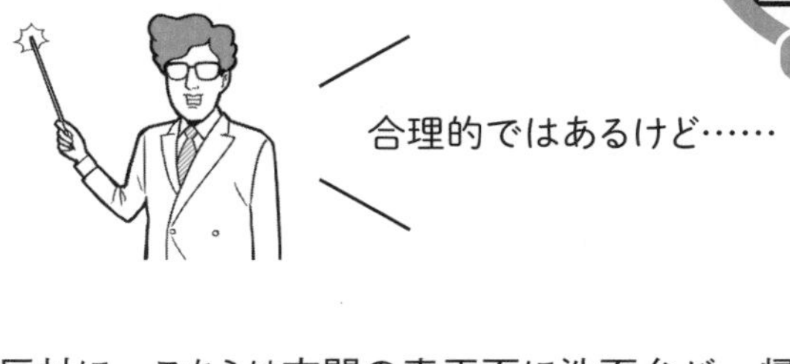

反対に、こちらは玄関の真正面に洗面台が。帰宅してすぐに手を洗いたい気持ちはわかるけど、この配置はこの配置で珍しくやや不自然だ。

もしかして、異世界への扉？

扉はあるのに、部屋がない。考えられるのは、ルームシェア物件という可能性。そうでなければ、異世界に続く扉なのかもしれない。

収納が好きすぎて♡

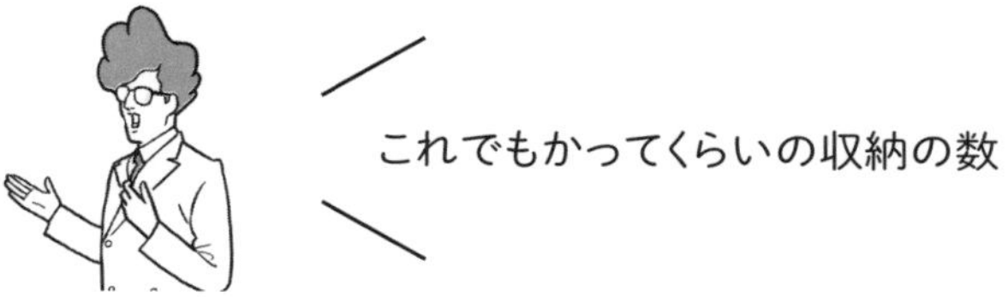

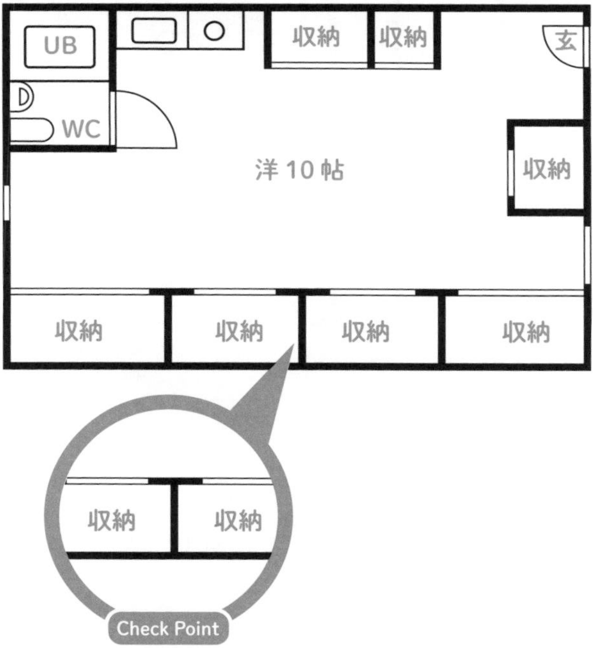

注文住宅で気をつけるべき点の一つに、収納空間の確保がある。しかし、この物件の施主の場合、そんな心配はまったく必要ないだろう。過去に、収納が足りなくて困窮を極めた思い出でもあるのだろうか。

頭の上は隣の屋根裏部屋!

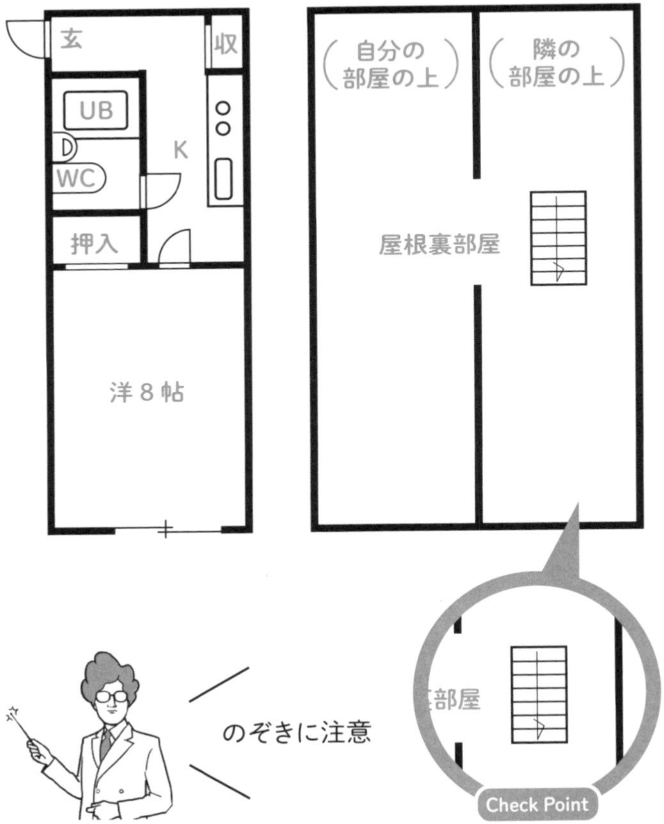

自分の部屋の天井に、隣の部屋からしか入れない屋根裏部屋がある不思議。女性が住むには危険すぎる物件だ。

洗濯に横着な人が考えた洗濯機の配置

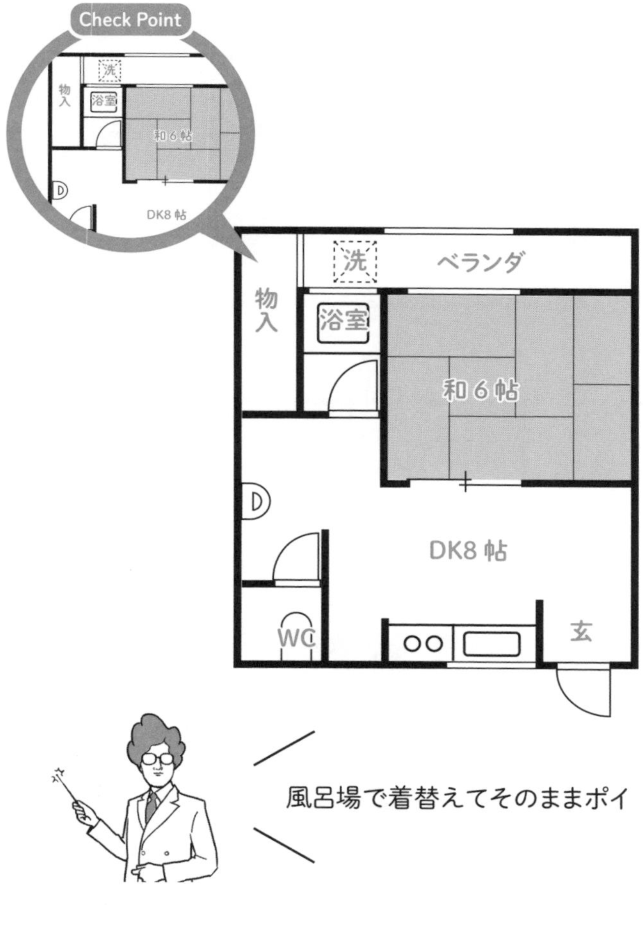

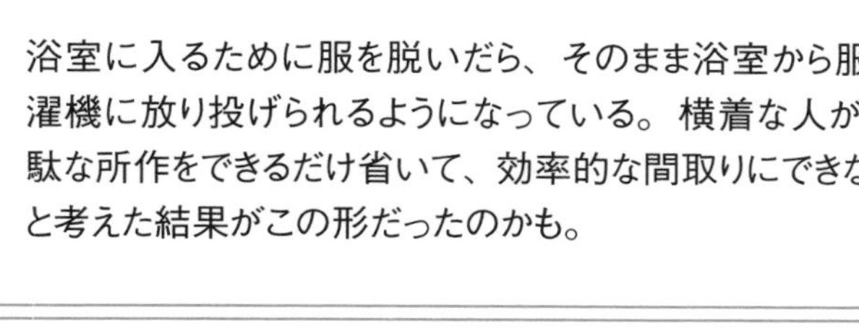

浴室に入るために服を脱いだら、そのまま浴室から服を洗濯機に放り投げられるようになっている。横着な人が、無駄な所作をできるだけ省いて、効率的な間取りにできないかと考えた結果がこの形だったのかも。

Column

有名漫画に登場する間取り ①

『ドラえもん』のび太の家

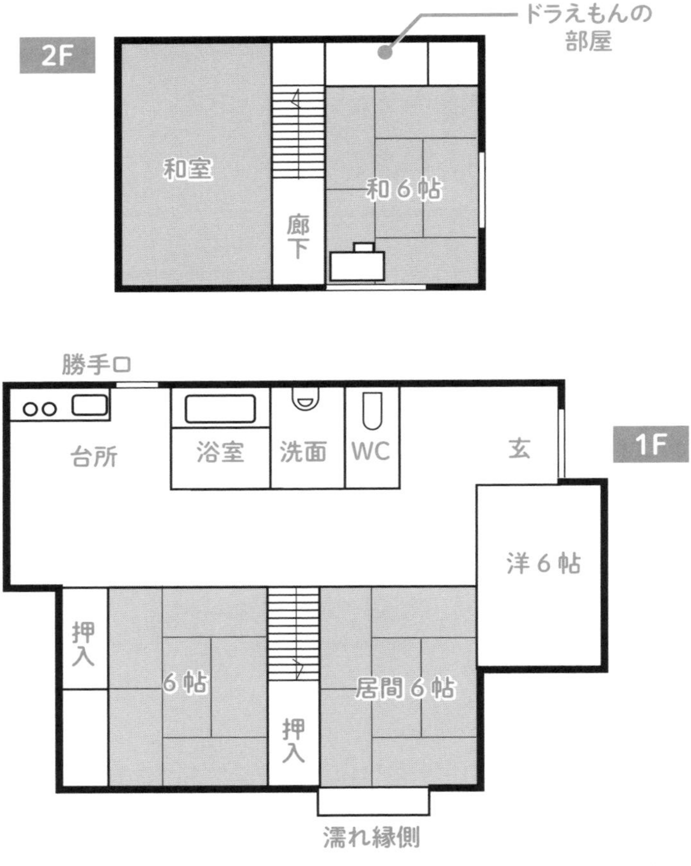

国民的アニメである『ドラえもん』の主人公・のび太が住む家。厳密には父・野比のび助の家ということになる。実は和室が１部屋余っているにもかかわらず、ドラえもんはのび太の部屋の押し入れの中がお気に入り。

Column

有名漫画に登場する間取り②

『ちびまる子ちゃん』さくら家

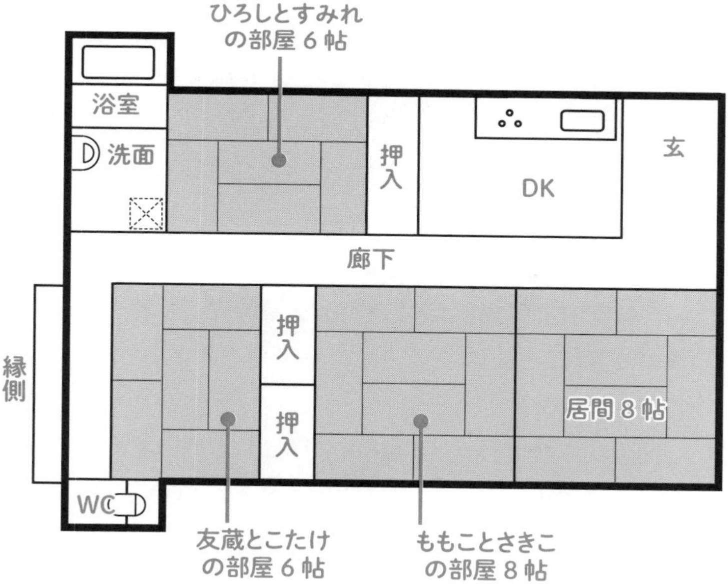

まる子が暮らす3DKの平屋の二世帯住宅。この居間で家族6人が揃ってご飯を食べている絵は、誰もが頭に浮かべやすいだろう。まる子とお姉ちゃんは同じ部屋であることから、2人が話す場面も頻出だ。

Column

間取り雑学①

バスルームの規格の種類

日々の疲れを癒すバスルームは、それぞれの家庭のニーズに合わせてさまざまな規格が展開されています。近年で一般的なユニットバス（システムバス）タイプは、工場であらかじめつくられた浴槽や床、壁などを現場で組み立ててつくられます。

バスルームの規格は、坪数と、浴槽のサイズを指す4桁の数字の2種類によって決められており、0.75坪～1.5坪の浴室に、洗い場の広さとのバランスを考慮した大きさの浴槽が取りつけられます。

間取り図でよく見かける4桁の数字は、浴槽の幅と奥行きを指しており、たとえば幅160cm×奥行き200cmの浴槽の場合は「1620」と表記されます。

念願のマイホームに理想のバスルームをつくるためには、使いやすい大きさを選ぶことが大切です。1人で入浴するなら1坪あればじゅうぶん広々と過ごせますし、親子でゆっくり入るには浴槽と洗い場ともに広々とした1.25坪の浴室に1620サイズの浴槽がベター。バリアフリーを考えるなら洗い場を広くとるなど、生活スタイルに合わせた最適なものを選びましょう。

第2章

滅茶苦茶な配置

滅茶苦茶な配置

なぜ、この位置にわざわざ〝コレ〟を置いたのか

建物の構造的に不可能でなければ、部屋の配置などの中身を、ある程度は自由につくることのできるのが間取りです。

不動産業者が土地と建物をセットで販売する建売住宅では、つくりはじめの段階では買い手がどんな人かわからないため、ほとんどの場合が〝誰にとっても使いやすく馴染みやすい、ポピュラーで最大公約数的な間取り〟を設計するものです。

一方で、ハウスメーカーへ依頼してつくる注文住宅では、施主の希望やこだわりが最大限に尊重されたものをつくることができます。自分の好みや趣味嗜好《しこう》を可能な限り反映できるのが注文住宅の魅力です。

しかし、なかには「なぜ、普通はここにはないコレをこの位置に?」「いくらなんでも、この配置はナイだろう」と思ってしまうような部屋もあります。

自分が設計士やハウスメーカーだったら、ついつい「考え直したほうがいいのでは?」「本当にこれでいいの?」と聞きたくなってしまうような、もう〝滅茶苦茶〟としか言いようがない不可解な間取り。

もうほとんどギャグなのではないかと思える、思わず笑ってしまうような滅茶苦茶な配置の間取りを紹介していきます。

トイレを乗り越えないと入れない部屋

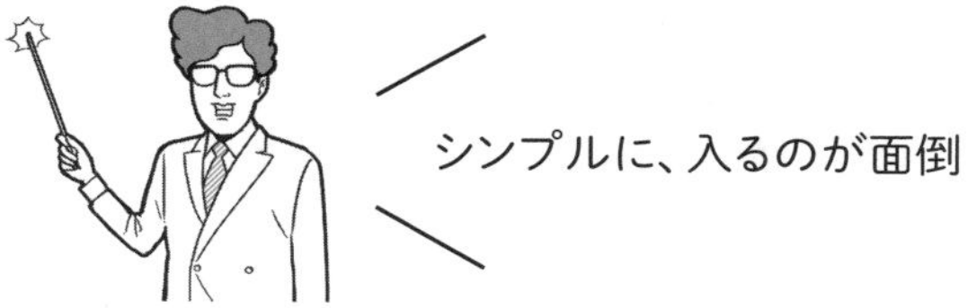

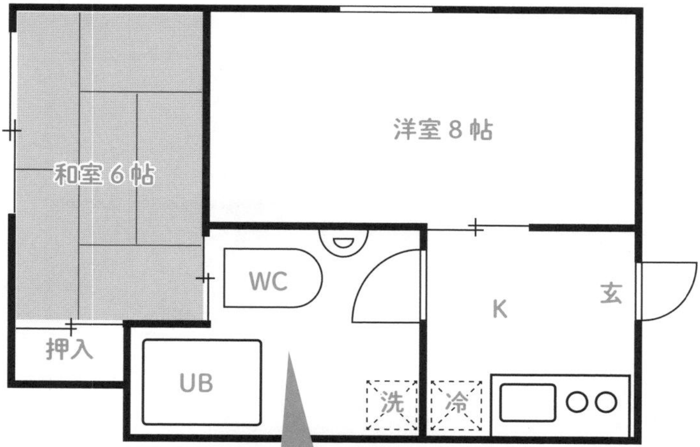

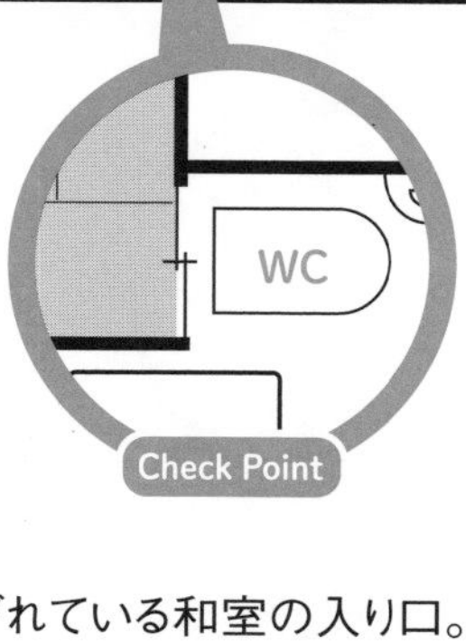

トイレでふさがれている和室の入り口。便座を乗り越えないと入れないつくりになっている。そもそも洗面室と和室が扉でつながっている時点でおかしいのだが、せめてトイレを別の位置にしてほしかった。

浴室inバルコニー

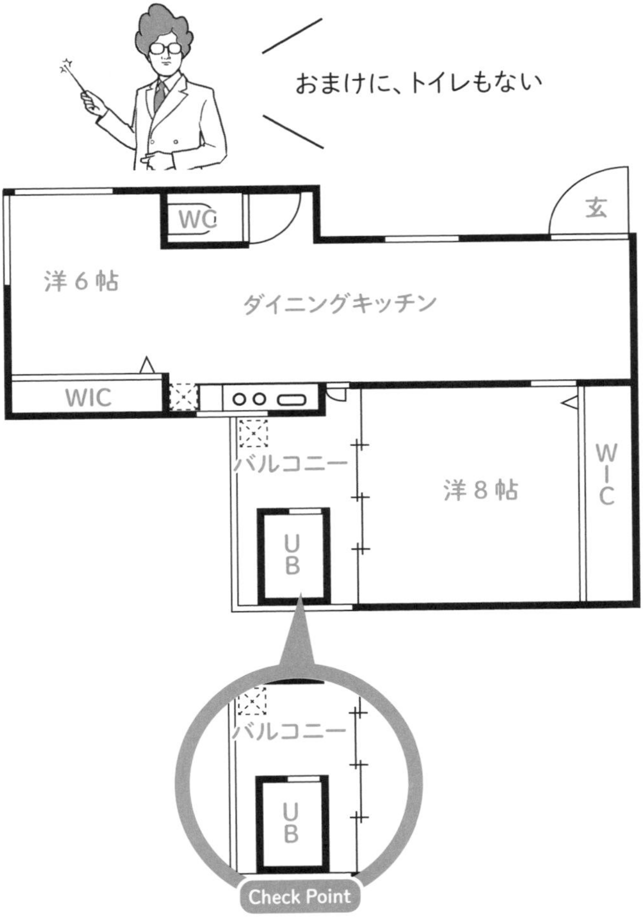

ダイニングキッチンからも洋室からもバルコニーに行けるようになっていて、そこに浴槽が。ちなみに、この物件にはトイレが見当たらない。

真ん中を陣取るクローゼット

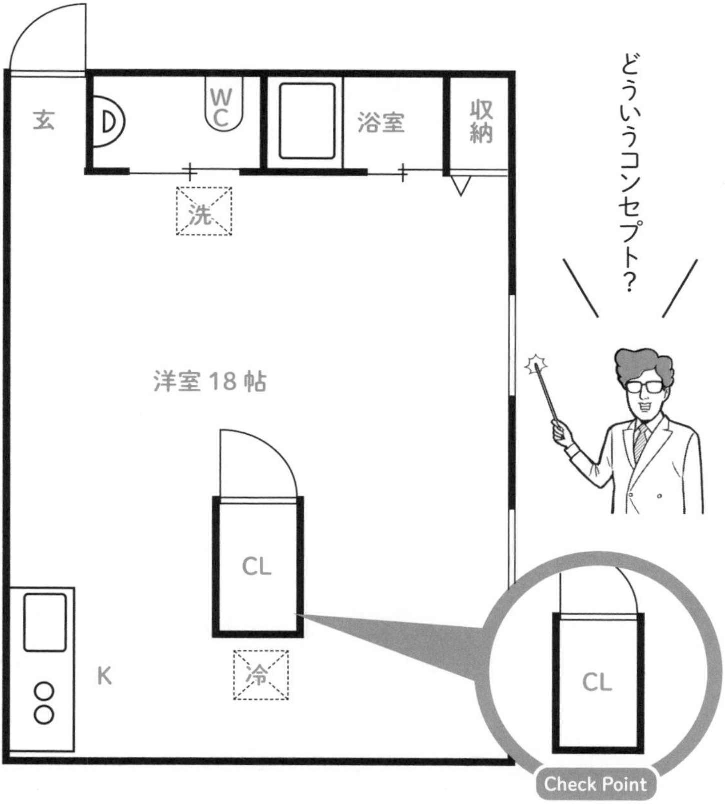

このクローゼット、端に寄せれば収まりがいいのに、わざわざ部屋の中心に配置している。そして、その裏には冷蔵庫置き場が。意図はまるで不明だ。

洗い物は玄関で

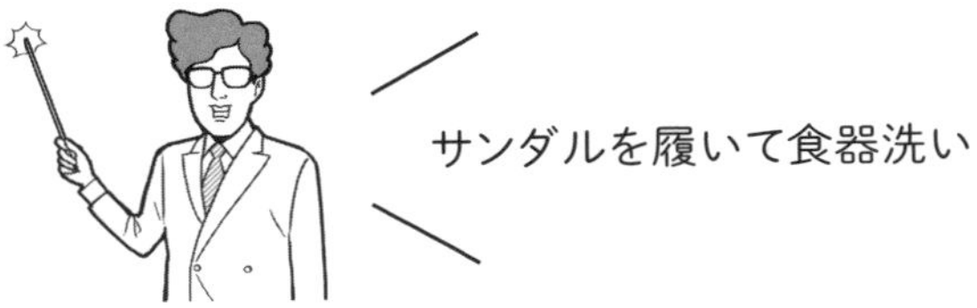

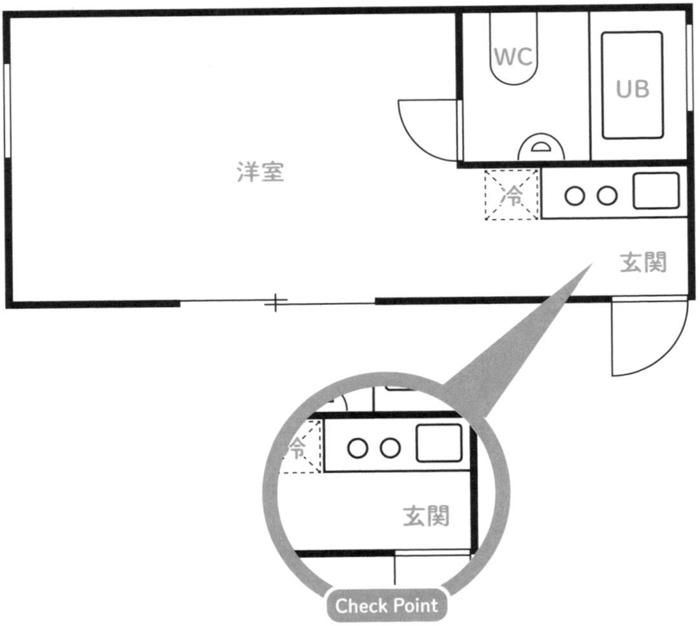

玄関のすぐ横にキッチンがある物件。しかも、キッチンシンクは完全に土足部分に面しているため、洗い物は靴を履いてやらなければならない。

廊下を兼ねた納戸（サービスルーム）

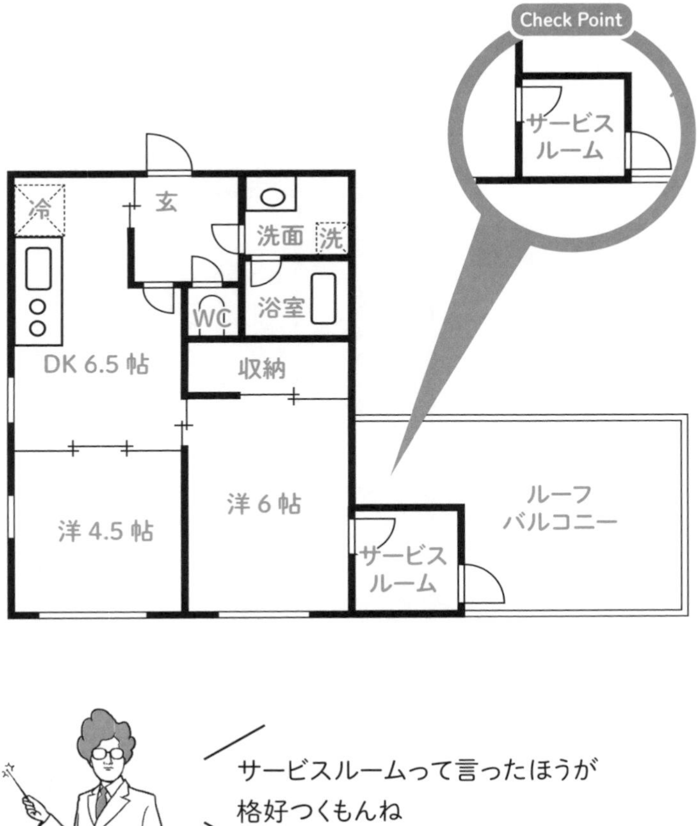

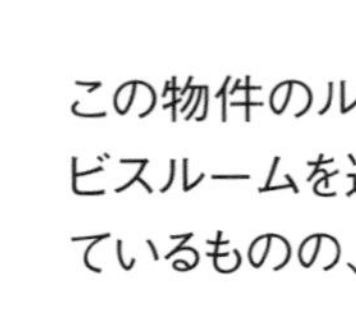

サービスルームって言ったほうが
格好つくもんね

この物件のルーフバルコニーに行くためには、必ずこのサービスルームを通らないといけない。サービスルームと表記しているものの、実質的には廊下のようなものだ。

トイレの中の洗濯機

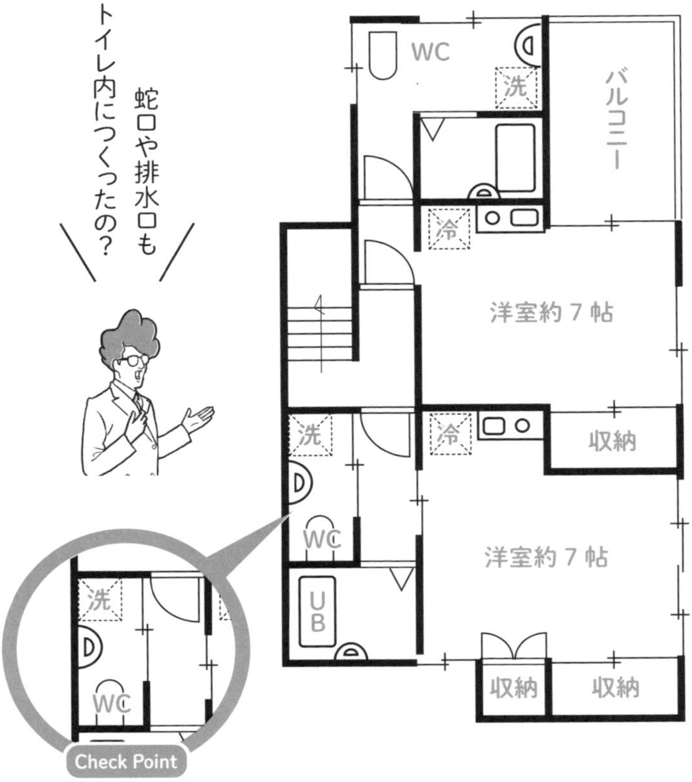

よく見ると、洗面室の中に洗濯機置き場があるのではなく、トイレの中にそれがある。トイレをしながら洗濯したい人だったのだろうか……。

入浴中は頭上に注意

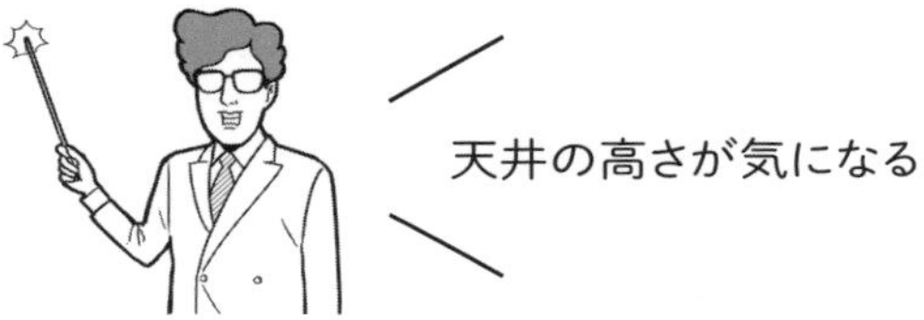

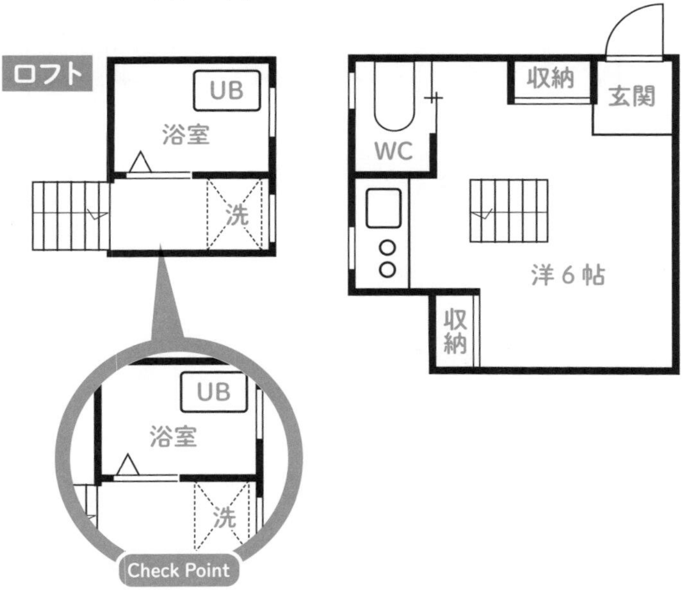

世にも珍しい、ロフトにあるバスルーム。ロフトというと天井が低いイメージがあるが、やはりシャワー中に立つことは難しいのだろうか。

ヒートショックに要注意

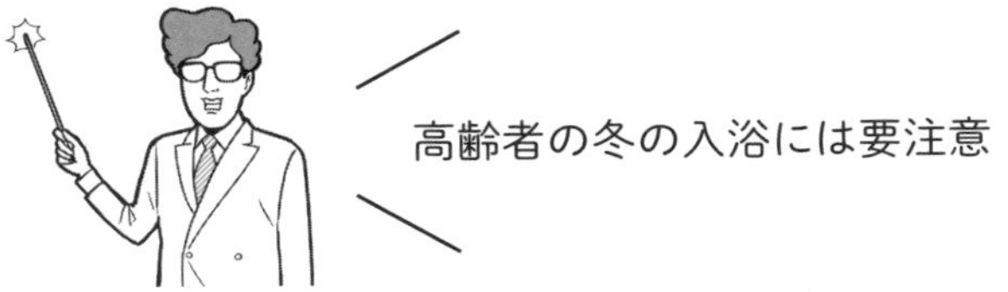

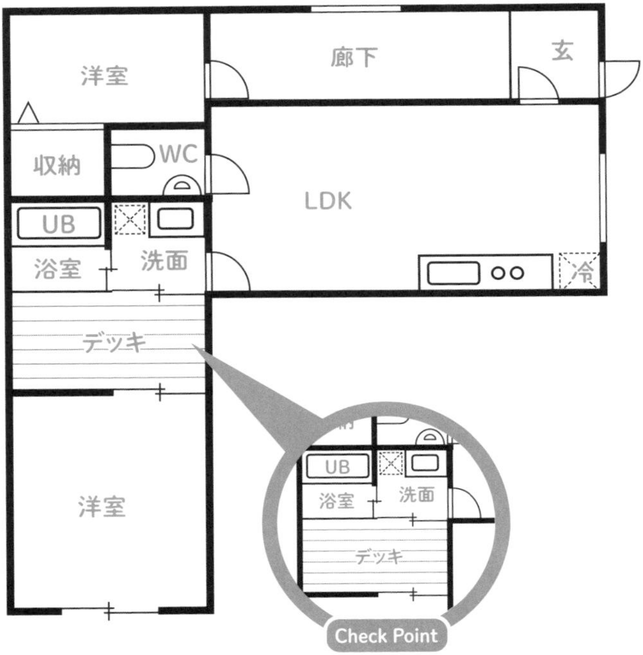

LDから洗面室に入り、浴室に入ろうとすると、その浴室の前には「デッキ」が。つまり、ここだけ屋外（吹き抜け）ということなのだろうか。ここで脱衣すると考えると、冬は寒くて大変であること間違いなしだ。

部屋の中心にバスとトイレ

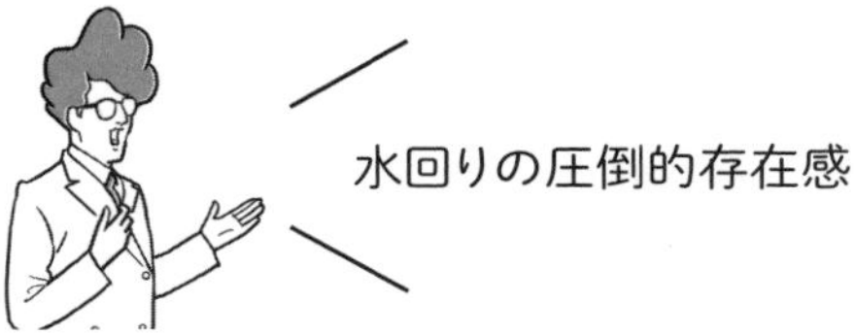

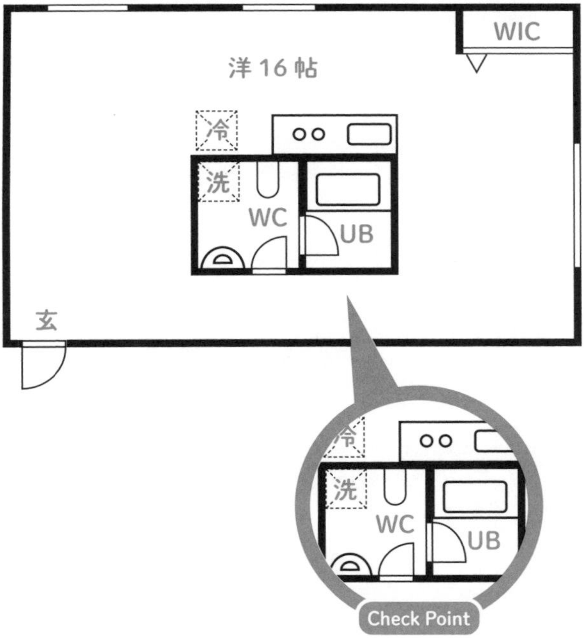

水回りをもっと端に寄せれば、広々とした洋室になっただろうに。狭苦しいほうがむしろ落ち着くのだろうか。それとも、「生活の中心は水回りにある!」というこだわりがあるのか。

ダイニングの向こうに隠し部屋が……

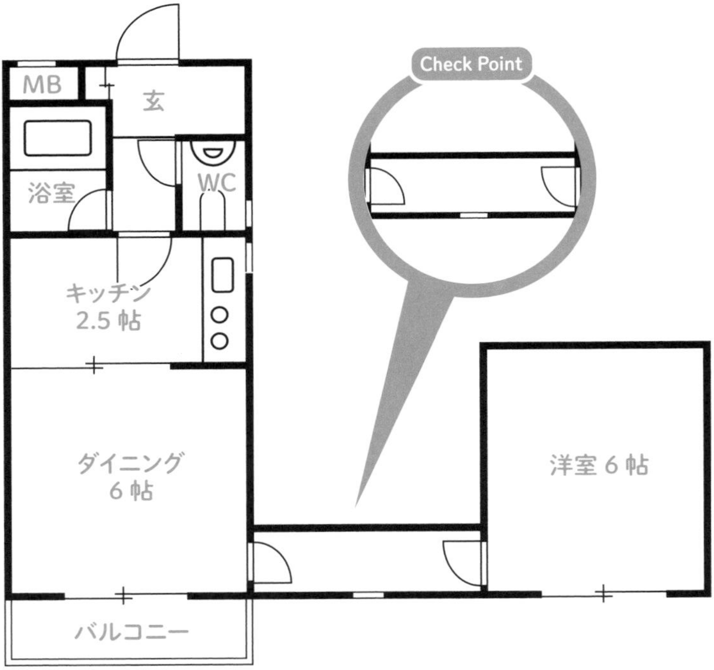

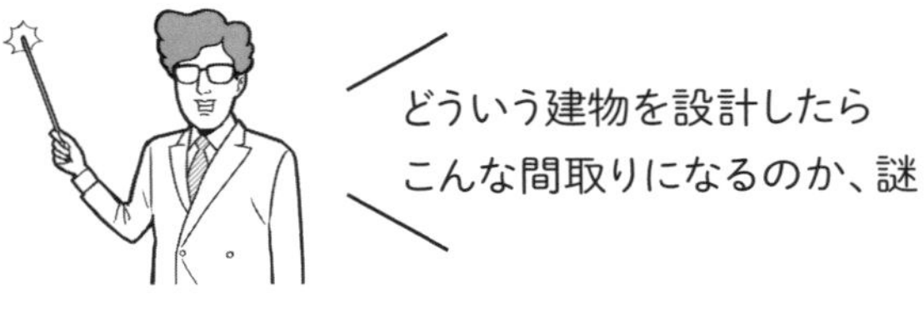

左側の部分だけ見たら、一般的な物件。ここだけで完結してもよさそうだが、実はダイニングに隠し扉がある。そして、続く廊下を抜けると、離れ小島ならぬ離れ洋室が。

バスルームの上にロフト

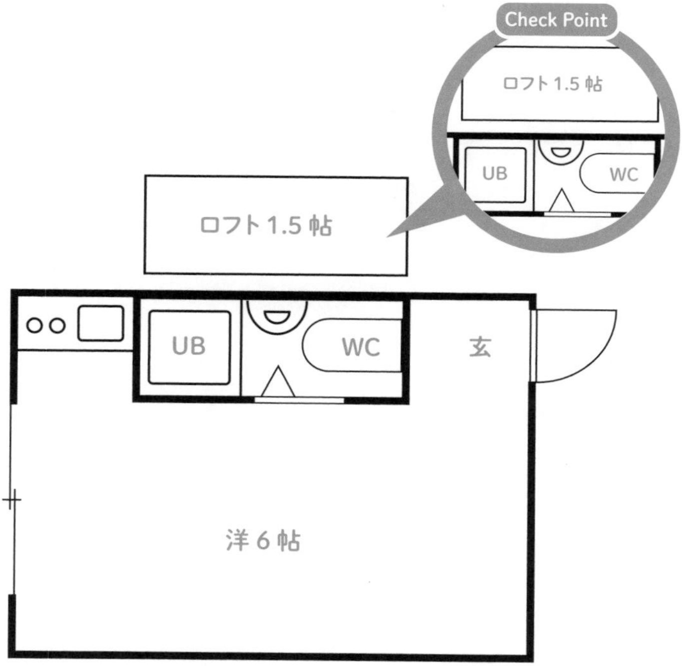

今度は、ユニットバスの上にロフト。実用性にあまり弊害はないのかもしれないが、ロフトの位置としてはやはり珍しい。そして、低い天井で窮屈感のあるユニットバスはあまりいただけない。

玄関を出たらベランダ

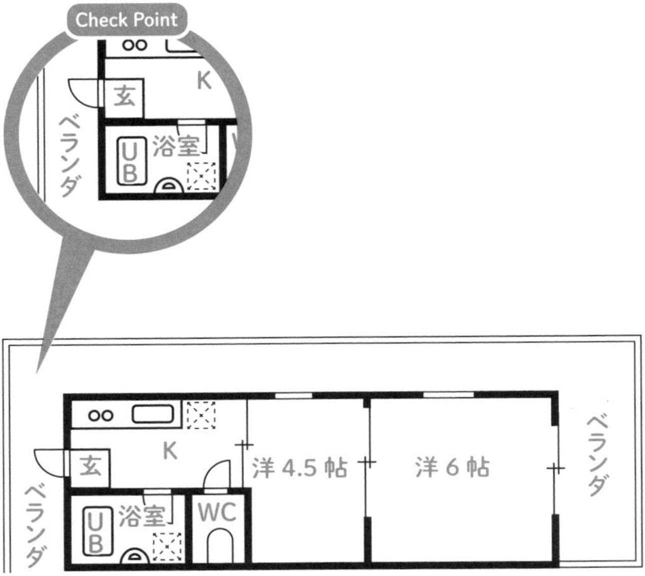

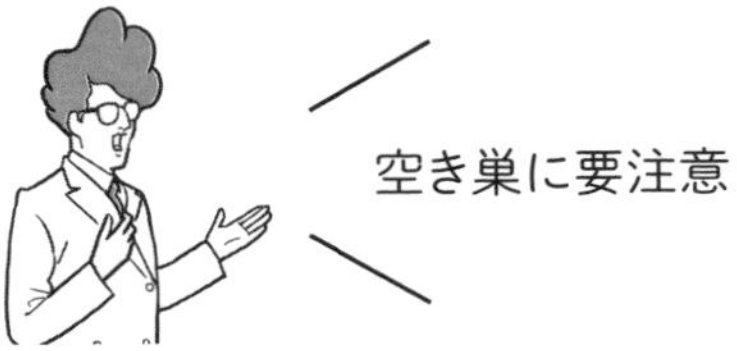

帰宅したら、まずはベランダへ。 先へ進んで、玄関を開ける。ベランダは物件を取り囲むように広がっていて洋室からも入れるため、 防犯対策はマストだ。

寝起きドッキリ用の家

お笑い芸人の申し込み率は高いかも

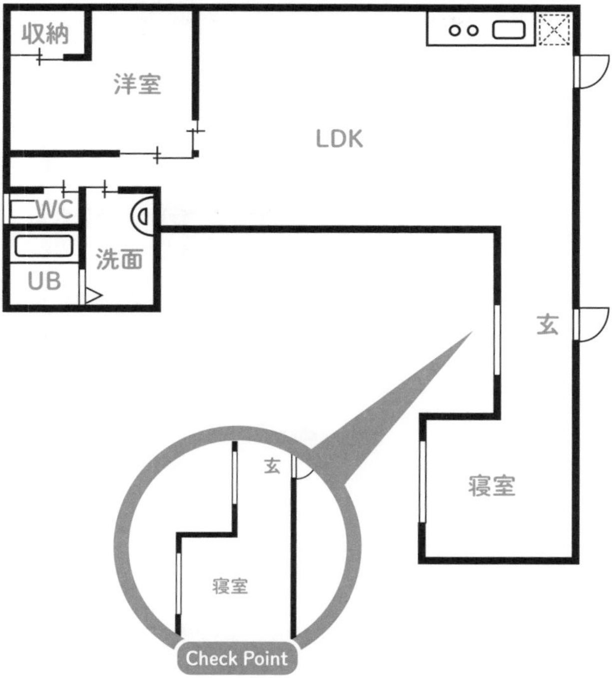

玄関を開けて右側に進むとLDKなどの生活するためのスペースが広がっているのだが、玄関から左に曲がると、直で寝室が。そもそも不思議な形をした家だが、この間取りだと、いつ寝起きドッキリが来てもおかしくない。

帰宅、即洗濯が可能な家

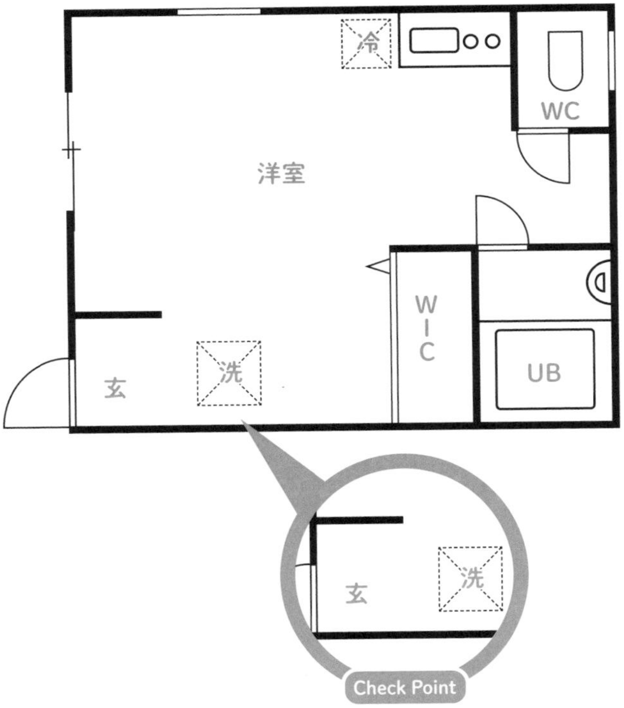

玄関の扉を開くと、目の前にはすぐに洗濯機が。そこで服を脱げば、最速で洗濯が可能だ。しかし、せめて物入側の端にピタッと寄せてもよかったのではないだろうか。

帰宅、即就寝が可能な家

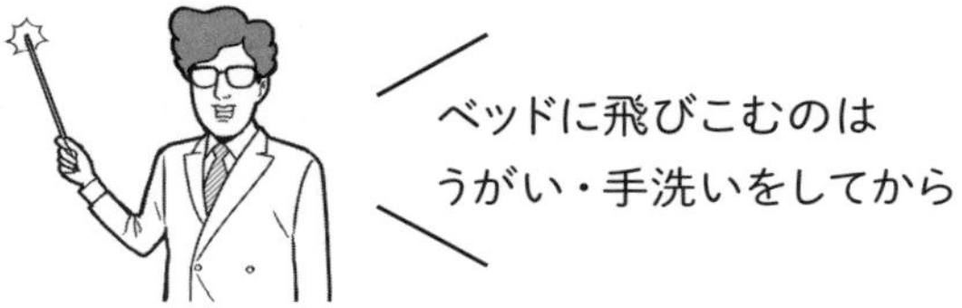

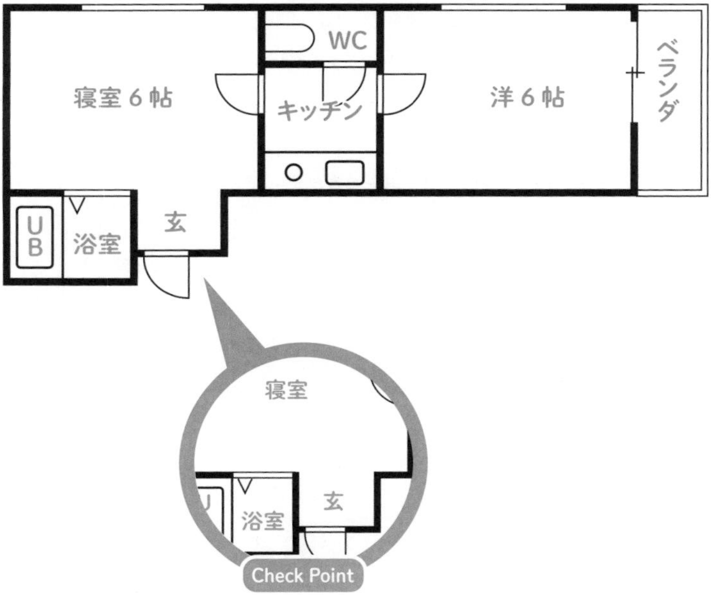

玄関で靴を脱いで、さらにその次の扉を開けると、すぐに洋室が。ここはダイニングの表記でもよかったのではないだろうか。

外にある納戸

整った形の物件で普通の間取りに見えるが、一点だけおかしいのが、バルコニーに出てその脇にある納戸。ここはさすがに納戸とは呼べないのでは?

実際の部屋がまったく想像できない

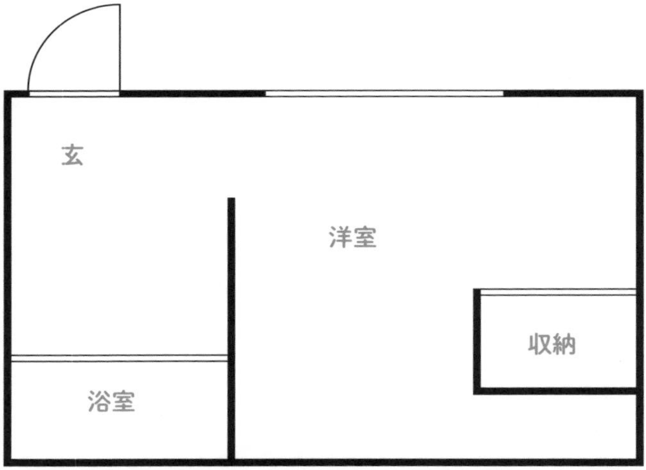

不思議な位置に壁があったり、収納があったりで、デッドスペースも無駄に多い。間取りを見ただけでは、実際にどんな物件なのかがまったく想像できない。

Column

有名漫画に登場する間取り③

『サザエさん』磯野家

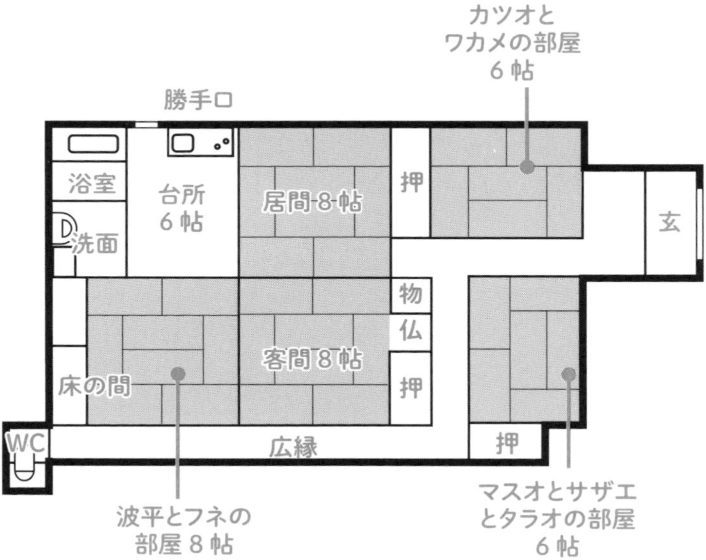

昭和のかおりが漂う平屋の二世帯住宅。間取りは4DKで、波平夫婦、マスオ一家、カツオ・ワカメ兄妹がそれぞれ1部屋ずつ使っている。残りの1部屋は客間として使っているようだ。

Column

有名漫画に登場する間取り④

『クレヨンしんちゃん』野原家

3人家族の3LDKだが、4人いっしょに寝ているので、2部屋が余っている。みさえの妹であるむさえの居候もいつでもウェルカムだ。2階の部屋が使われるのは、しんのすけとひまわりがもう少し大きくなってからだろう。

Column

間取り雑学②

納戸（サービスルーム）の定義

間取り図では、1K や 2LDK など、部屋数やリビングの有無などを英数字で略して表記することが一般的です。そのなかで「S」の表記を見たことがある方も多いのではないでしょうか。

この S はサービスルームの略称で、建築基準法で定められた“居室としての換気や採光の基準を満たしていない部屋”のことを指します。建築基準法では、「居室とするためには採光のための窓の大きさが床面積の7分の1以上である必要がある」と明記されており、それを満たさない部屋が S と表記されるわけです。

サービスルームは、自然光が入りにくく湿気がたまりやすいことや、コンセントが付いていない場合があることなどのデメリットもありますが、特徴を生かすことで大きなメリットにもなります。

たとえば、自然光の影響を受けにくいことから、楽器や絵画などを保管する部屋としてはうってつけです。また、建築基準法では居室として認められていないため、同面積の他の物件と比べると賃料が安く設定されていることも。人によっては魅力的な物件になると言えるでしょう。

第3章

致命的設計ミス

致命的設計ミス

間取りの（おそらく）作成ミスが生んだ奇跡

本章で紹介するのは、「いくらなんでもこれはありえない」という間取り。

なぜありえないのか。それはおそらく、単純に間取りの作成ミスに原因があるからだと思われます。

不動産サイトなどに載る間取りを実際に作成するのは、多くの場合、不動産業者が外部委託した専門の業者。もし、その制作業者が納期に追われていて雑な仕事をしてしまい、かつ依頼をした不動産会社もチェックを怠《おこた》ってしまったとしたら、わけのわからない間取りが世に出てしまうかりです。

たとえば、間取りでは、線の中が黒くなっていれば壁を表し、白くなっていれば扉や窓を表します。このほんのちょっとした表記の違いでも、白と黒が逆転していたら間取りの意味がまったく変わってきます。物件を探している人が、そんな致命的な表記ミスのある間取りを見たら、目を疑ってしまうでしょう。

しかし、明らかにありえなければ「まぁ、作成ミスなんだろうな」ということがわかるため、逆に安心するかもしれません。

もし、作成ミスではないとしたら、その間取りを実際に見てみたいものです。これから紹介する物件の中に実在する物件が万が一まぎれていたとしたら……と考えると少し怖い話です。

外壁に取りつけられた洗面

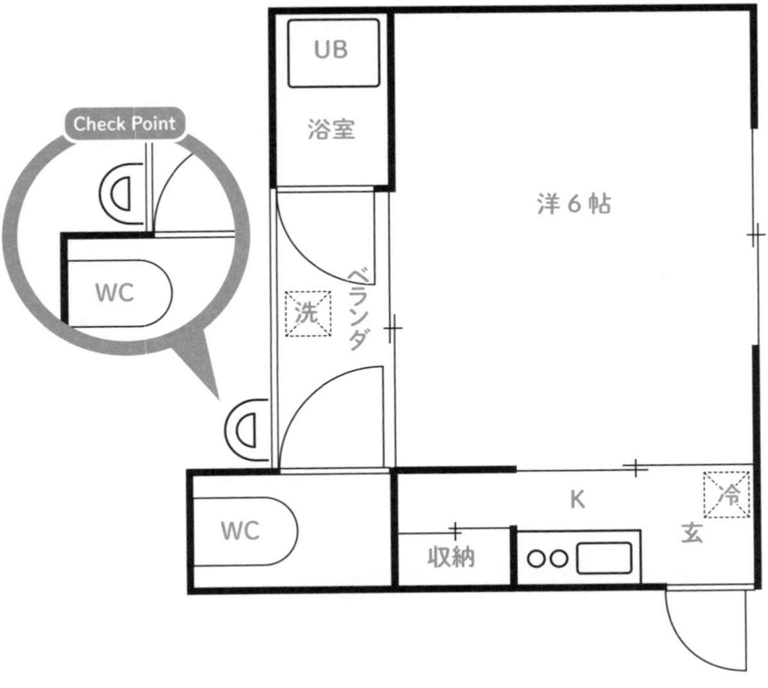

まさかの、ベランダの柵の外にある洗面台。外壁に設置されているのだろうか。ベランダの柵を乗り越えて手を洗わなければならないのは、さすがにスリル満点すぎる。

外から丸見えのユニットバス

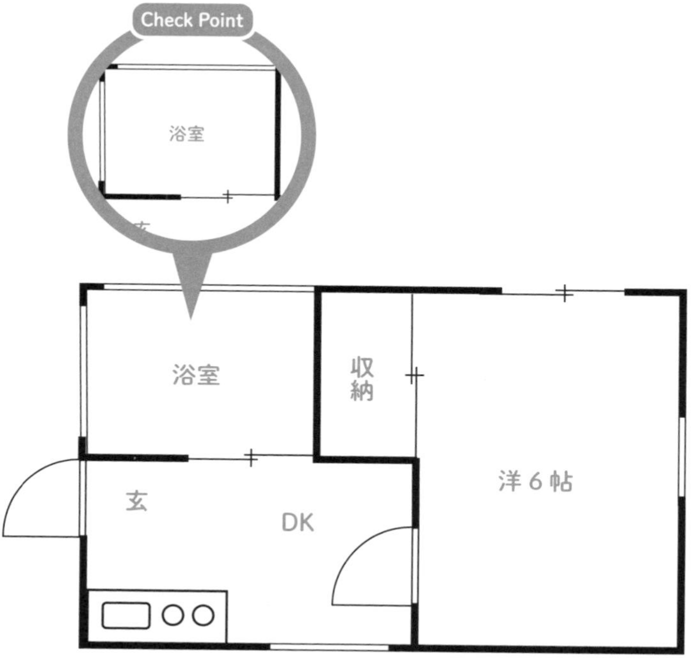

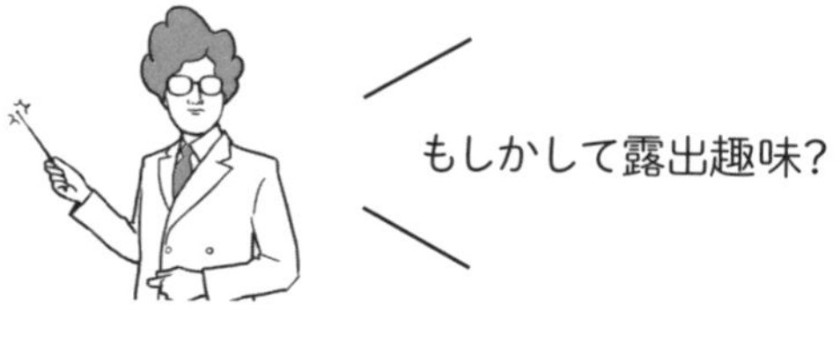

当たり前だが、普通、バスルームは壁で囲まれているもの。だが、この物件は窓や柵で囲まれている模様。外から丸見えで問題ないのか?

洋室への入り口はベランダのみ

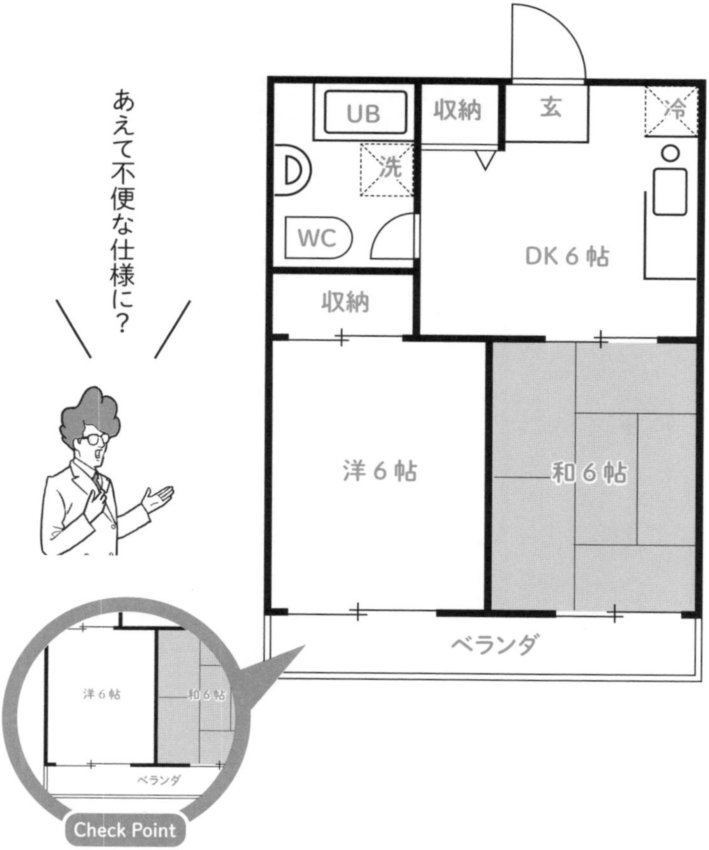

よく見ると、和室に扉がない。入るには、洋室からベランダに出て、窓から入るしかない。雨が降っていたら面倒だし、冬は寒くて大変だ。

進入不可能なベランダ

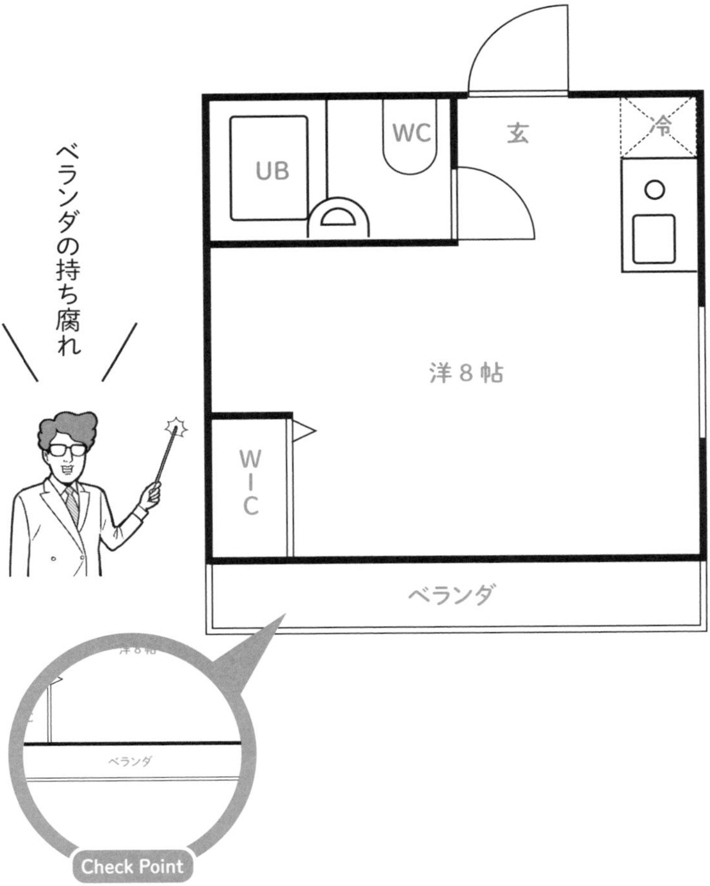

今度は、ベランダに入る扉がない。友人が来て「ベランダで一服させてよ」なんて言われても、「開かずのベランダなんだ」と説明するしかない。

進入不可能な居住スペース

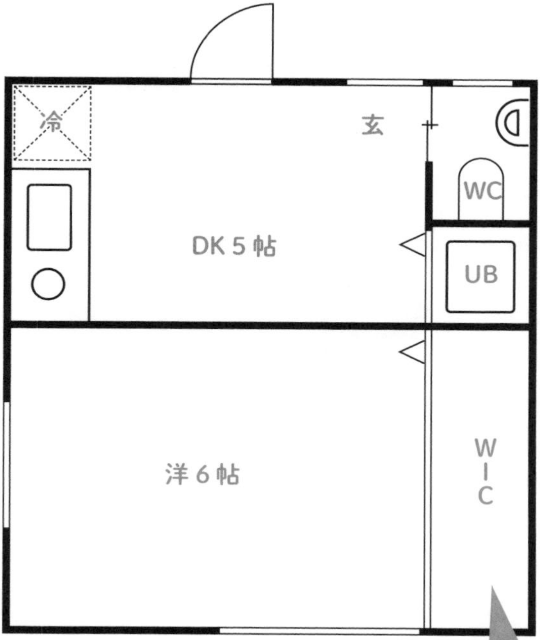

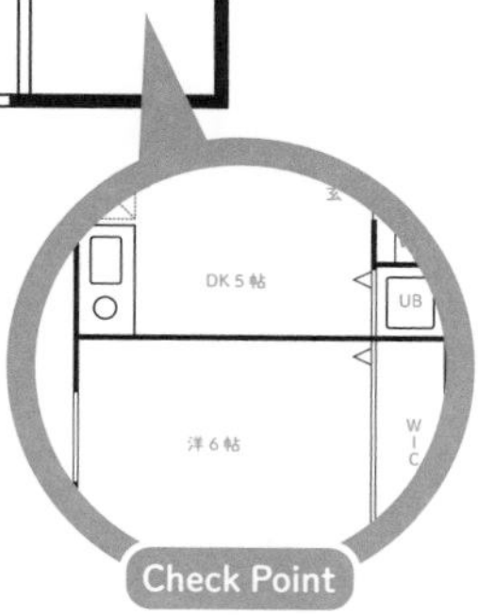

なんかネットで見た物件と
違うんですけど……

風呂なし、和式トイレの古い物件。ただ、寝室である和室に入れない。和6帖のスペースがもったいなさすぎる。落ち着く部屋で寝たいのに、こうなったら3帖のキッチンで寝るしかない。

進入不可能な自宅

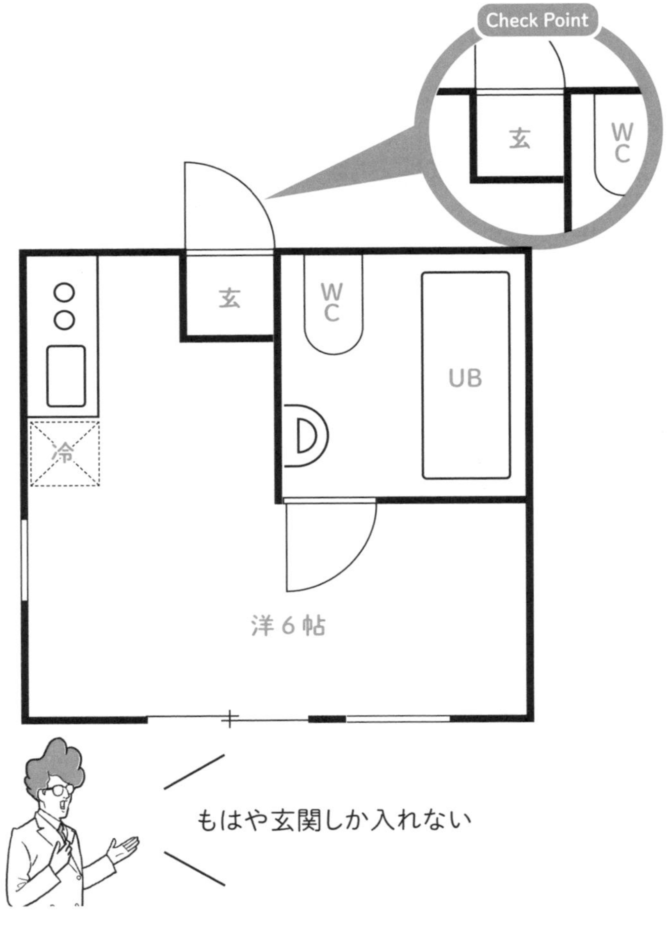

扉を開けて、靴を脱ぐ。それしかできない家。部屋には洋室もユニットバスもあるが、実際に使うことは叶わないのだ。縮こまって玄関で寝るしかない。

浴室で埋めつくされた家

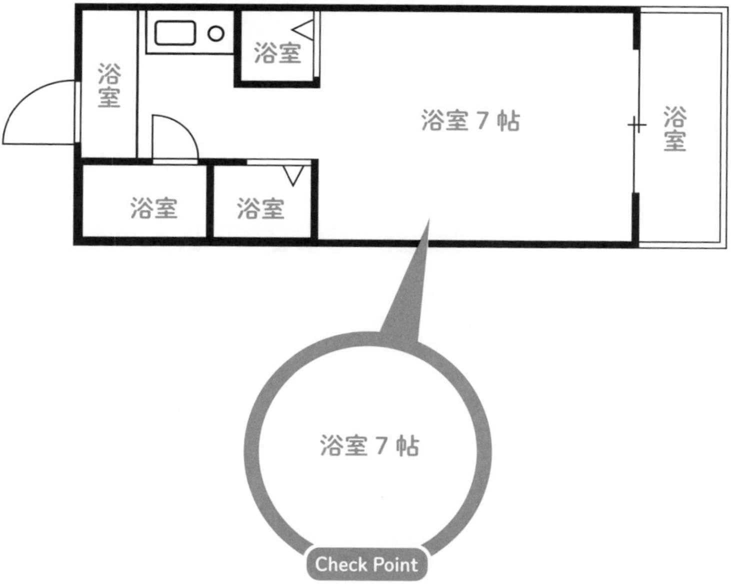

これでもかというくらい、浴室で埋めつくされた部屋。「7帖」まで書いておいて、その前の文字は確認しなかったのだろうか。作成ミスにしても、ここまで思いきった間違え方はもはや豪快だ。

ルーフバルコニーに囲まれ、外に出られない部屋

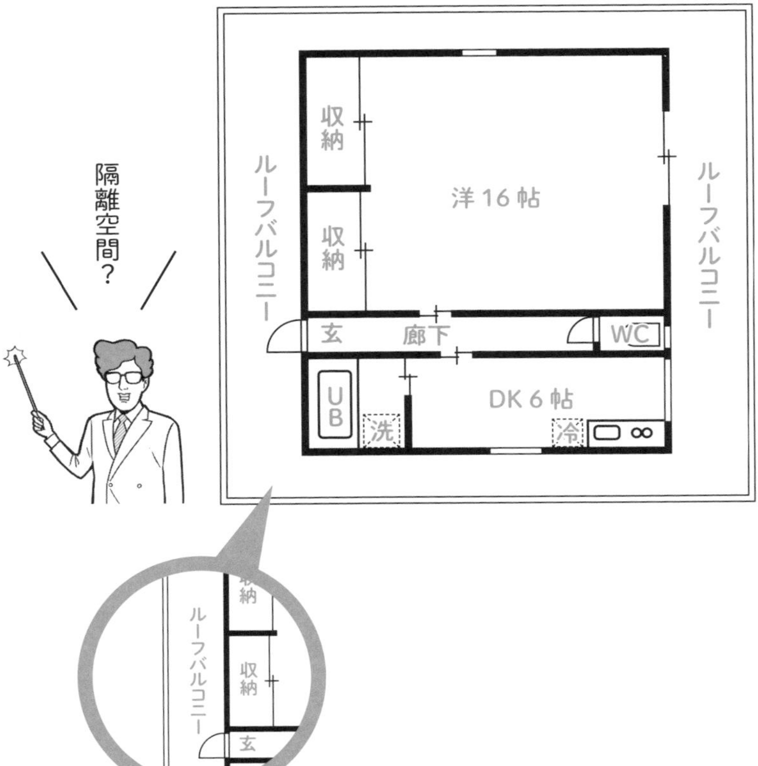

玄関を開けたら、ルーフバルコニー。しかも、そこから外へ出るための扉はない。どうやって入るのかも謎だ。異世界の中にある物件なのかもしれない。

玄関を収納スペースに

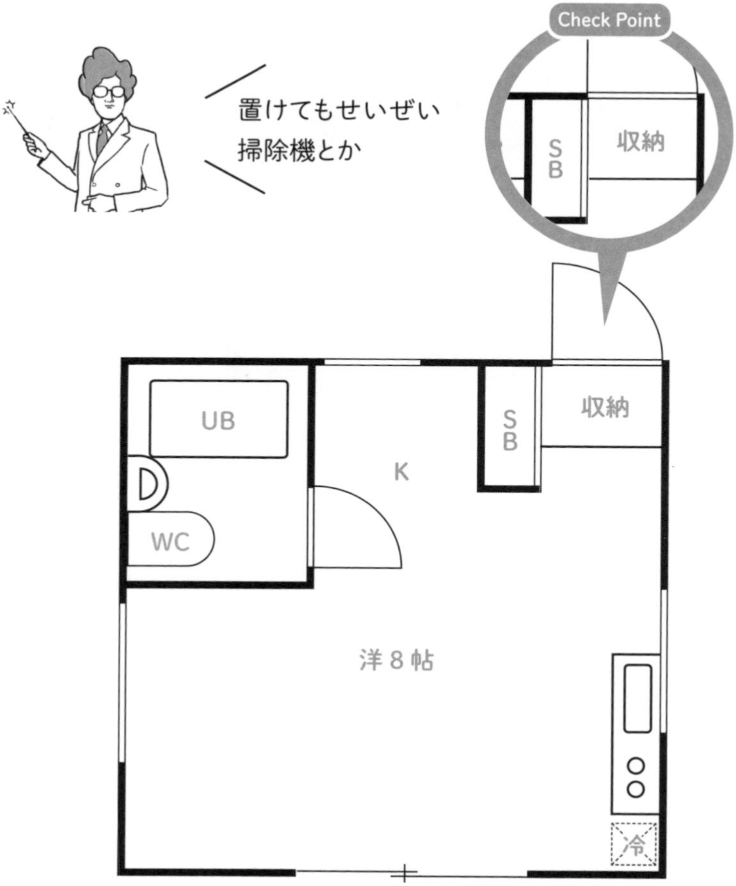

玄関の扉を開けたら、土間が収納の空間を兼ねている。シューズボックスではない。なんなら、シューズボックスは別に、その横にある。

トイレを乗り越えないと入れないキッチン

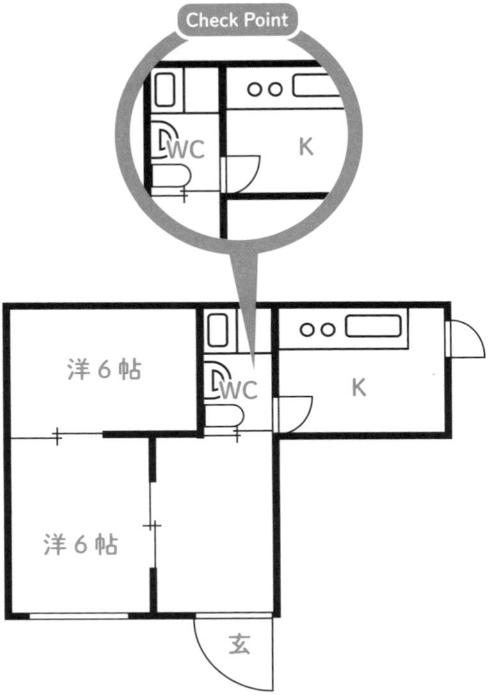

キッチンを使おうと思っても、一度トイレに入らないと行けない。トイレを経ないと、キッチンにたどりつけない。というか、そもそも全体的に変な形の間取りだ。

トイレだけ使える家

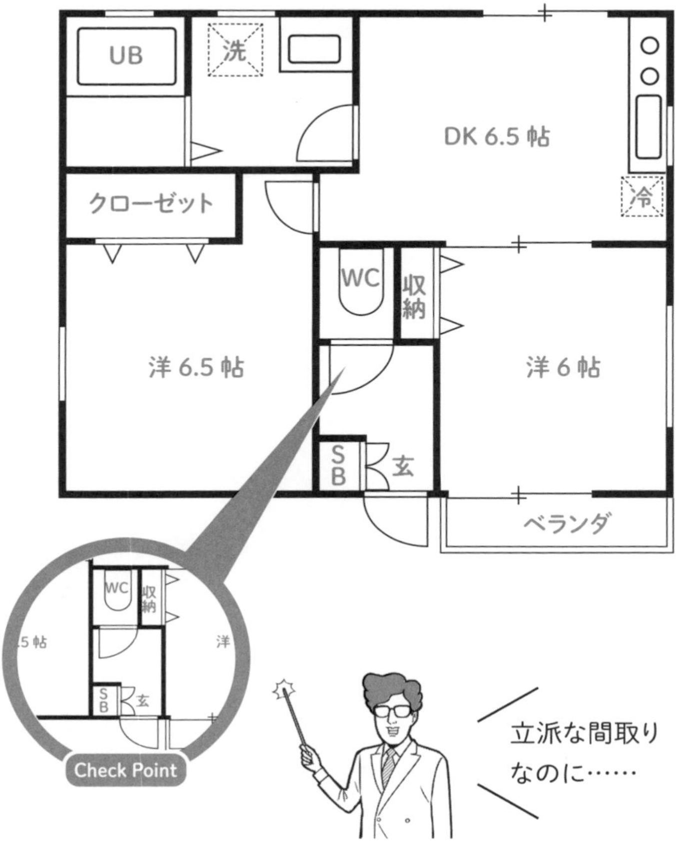

靴入もじゅうぶんなスペースがあって、ちゃんとした玄関なんだけど、残念ながらトイレしか使えない物件。2DKもある間取りの家なのに。

玄関を洗濯機置き場に

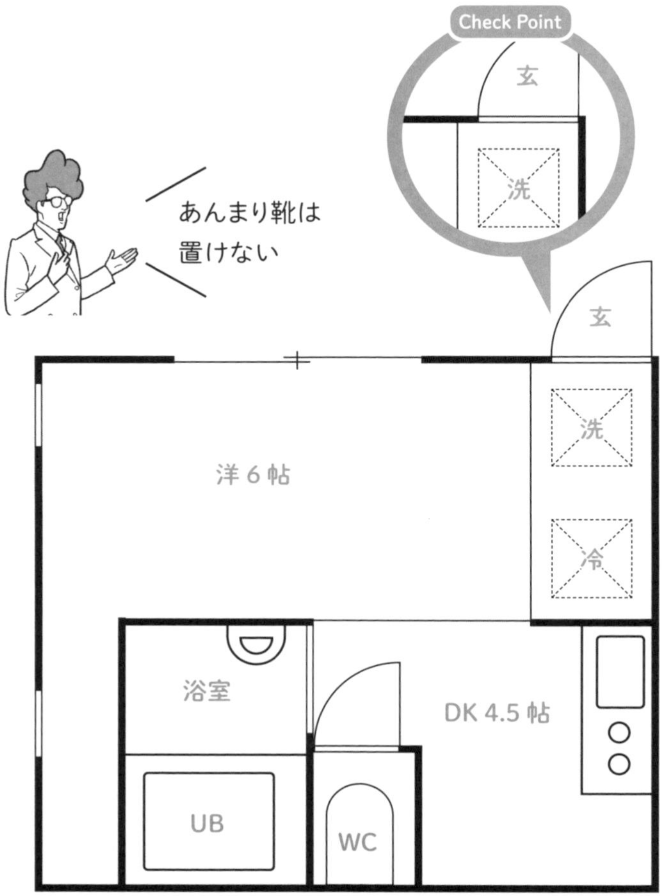

玄関の扉を開けると、今度は土間に洗濯機が。靴を置くスペースはほぼないので、高さのあるシューズラックの購入をおすすめする。洋室の奥の細長いスペースも謎。

謎の空白 ―― 落下に注意

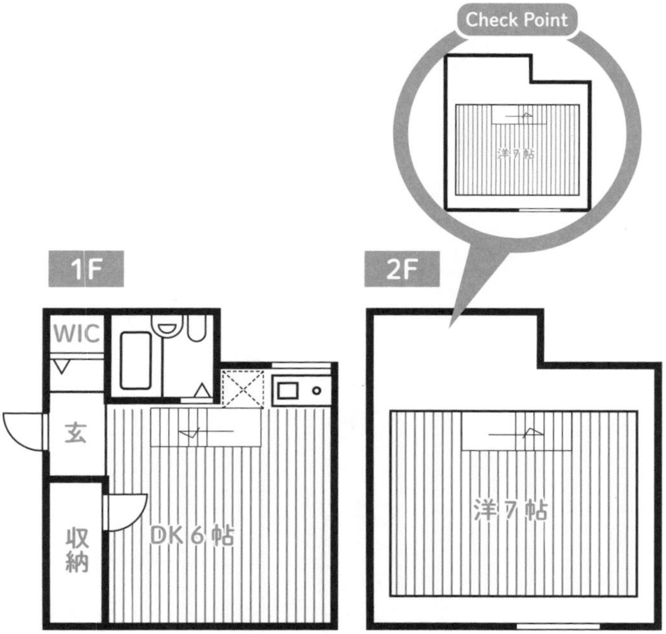

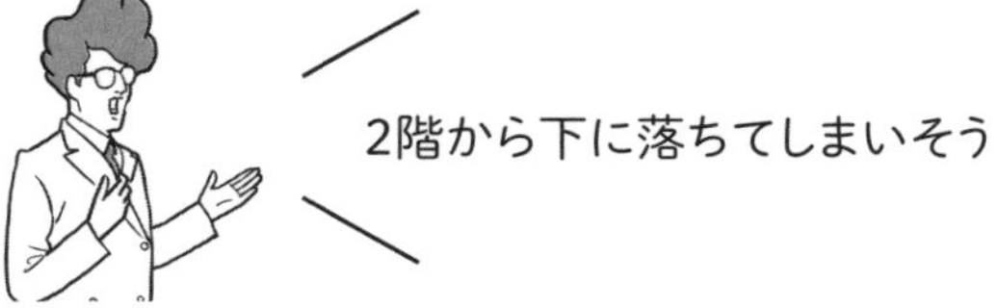

洋７帖とあるが、これは線が引いてある部分のことなのだろうか。そして、その周りを取り囲む余白はなんなのだろうか。もしや、吹き抜けだったりして。

みんなのキッチン、みんなのトイレ

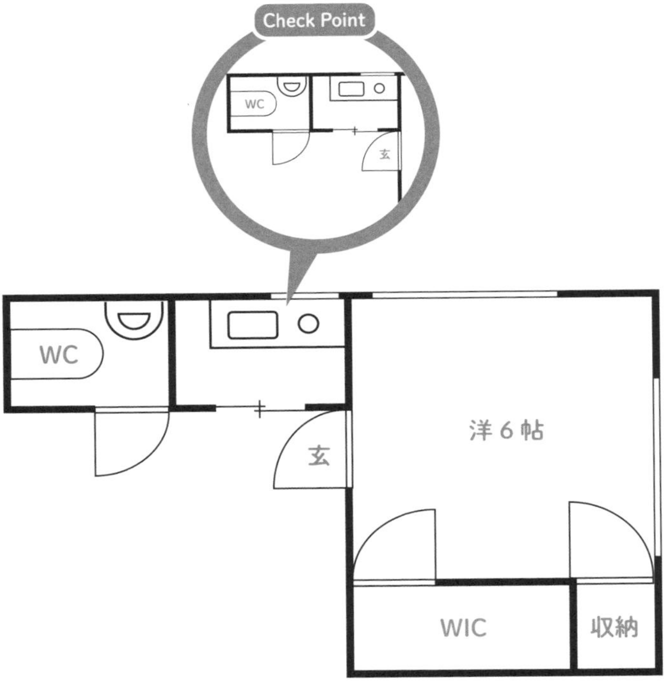

玄関の外にキッチンとトイレが。共用だとしても、玄関のすぐそばは勘弁してもらいたい。他人が料理する炒め物のにおいがまるごと香ってきそうな距離感だ。

帰宅、即キッチンシンク

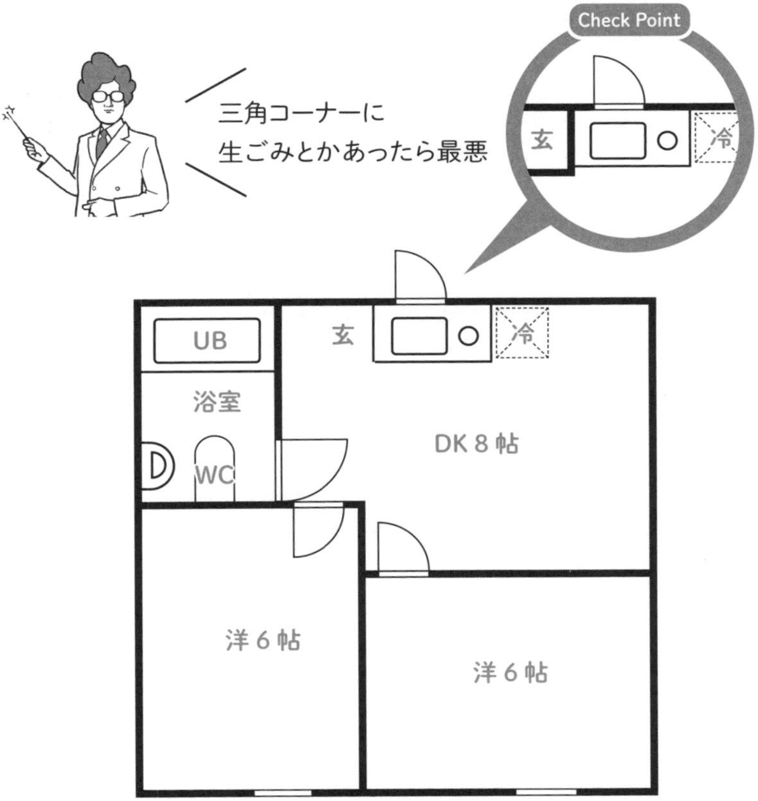

玄関扉の位置があらぬところに。これでは、毎日「行ってきます」の挨拶とともにキッチンシンクを乗り越える工程が必要になってくる。帰宅する気も失せる。

Column

有名漫画に登場する間取り⑤

『NANA』2人のシェアルーム

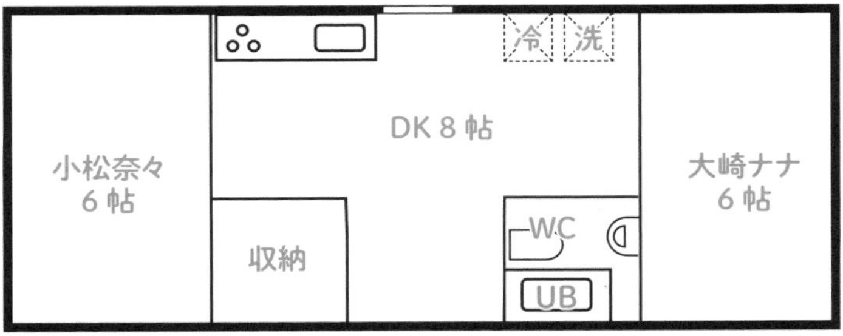

EVなし7階建てマンションの7階に存する家賃7万円の部屋。 行き帰りの階段ののぼりおりだけでかなりの運動になる。ナナとハチの共同生活はそこまで長い期間ではなかったものの、この家で2人の絆を育んだことは確かだ。

Column

有名漫画に登場する間取り⑥

『スラムダンク』赤木家

2F

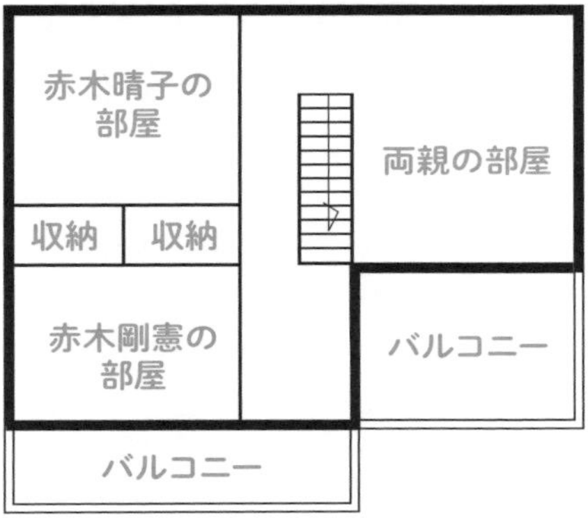

1F

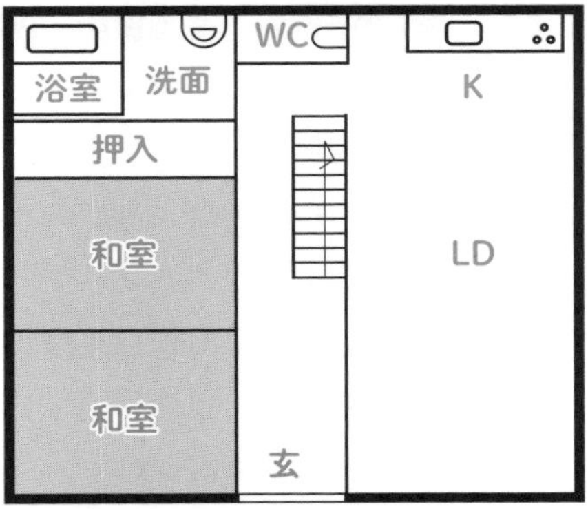

インターハイ前に湘北の赤点軍団が集まって勉強合宿を行った、あの赤木邸だ。このLDで桜木や流川らは徹夜した。ほかにも深体大の監督が来訪して赤木をスカウトするなど、赤木邸は意外と見せ場が多かった。

Column

間取り雑学③

「在来工法」で、自由な間取りと大きな開口部を

「在来工法」とは、日本の伝統的な工法を発展させた木造建築方法です。地震や強風、高湿度など日本独自の気候や自然現象を考慮した工法のため、日本の多くの木造住宅で用いられています。

この工法では、コンクリートの基礎に柱と梁《はり》を立てることで建物を支えます。そして、そこから屋根を張ったあとに建物の内部や壁を建造するため、建設途中から雨風や地震に耐えられる強度を持たせることができます。

住む人にとって在来工法の最大の特徴は、間取りの自由度が格段に高いこと。たとえば、中庭や吹き抜けがつくりやすく、自由な構造の設計が容易にできます。

また、リノベーションも比較的簡単で、生活スタイルの変化に合わせて部屋数を変更したり、増築や改築を行なったりすることができる点も大きな特徴でしょう。

そして、大きな開口部を付けることができる点も在来工法の大きなメリットです。柱や梁で重さを支えることで、開口部を大きく設けても建物の強度や耐久性を損ないにくく、自然光がたっぷりと入る大きな窓や天窓のある建物をつくることができます。

第4章

こだわりすぎた間取り

こだわりすぎた間取り

思わず「なんでだよ」とツッコみたくなる

第2章でも説明したとおり、建物の構造的に可能な限り、間取りとは施主の好きに設計できるものです。特に、部屋の大きさや数、水回りの位置や形などは、施主のこだわりをぞんぶんに出すことができる部分になります。

しかし、注意すべきポイントもいくつかあります。たとえば、窓の数や大きさは、気密性や断熱性、日当たりや風通しに影響します。多ければいいものでもなければ、少なければいいものでもありません。

また、水回りの配置をいかにするかによって、家事動線のスムーズさも変わります。そして、忘れがちで気をつけたい部分が、収納スペースの数。自身で家を設計するとなると、ついつい不足してしまうなんて話はよく耳にします。自身のこだわりを間取りに反映させるのは、これらの注意事項をじゅうぶんに考慮してからすべきと言ってもいいでしょう。

かといって、思う存分にこだわってしまうのも困ったもの。友人を招待した際に共感を得られないことがあるかもしれません。あんまりおかしなこだわりがあると、「なんでそこ斜めなの？」「そこ、こだわる必要ある？」などとツッコまれてしまうこと間違いなし。

本章では、そんなついついこだわりすぎてしまった面白い間取りを紹介します。

こだわりの斜め玄関

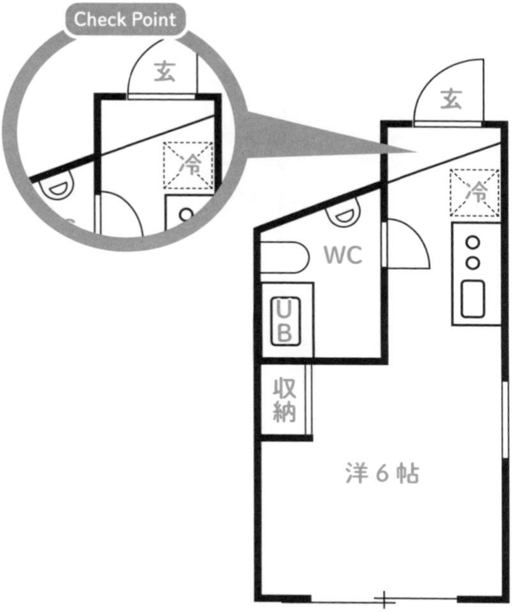

バスルームの壁の線に合わせて、玄関の形までななめに切ってしまったようだ。しかし、その必要性は疑問。「ここは直線にしないと気持ち悪い!」と思ったのだろうか。

洋室にはしないこだわり

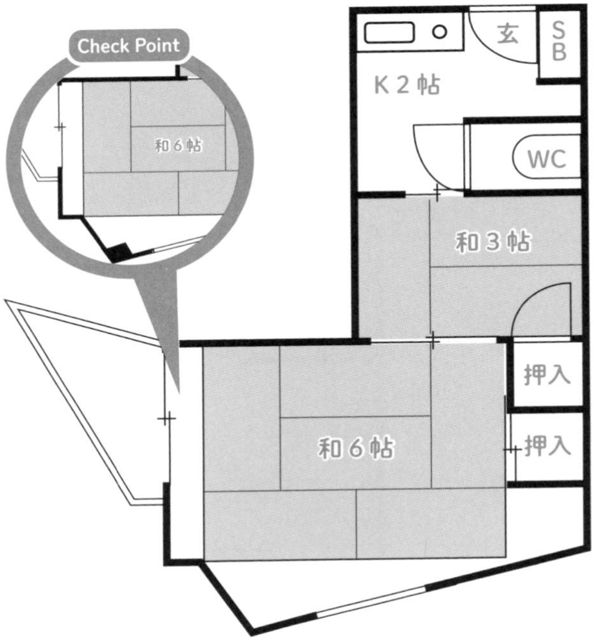

畳とフローリングの融合？

室内の形を見ると、もともとフローリングだった部屋に畳を敷いて和室にしたようだ。しかし、畳を敷くことができない隙間が生まれてしまっているところを見ると、洋室のままでよかったのではないだろうか。

廊下が存在しない、風通しのいい家

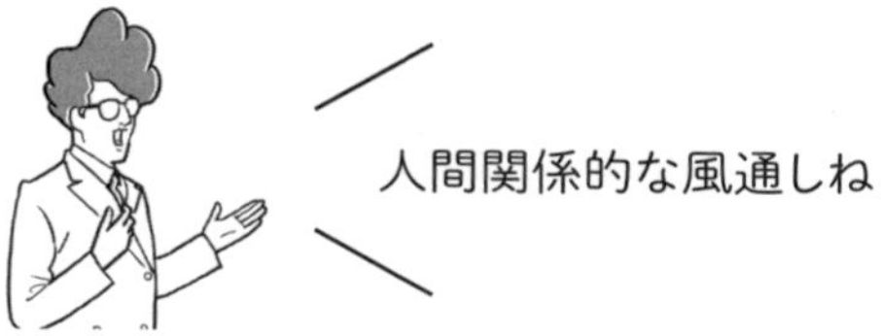

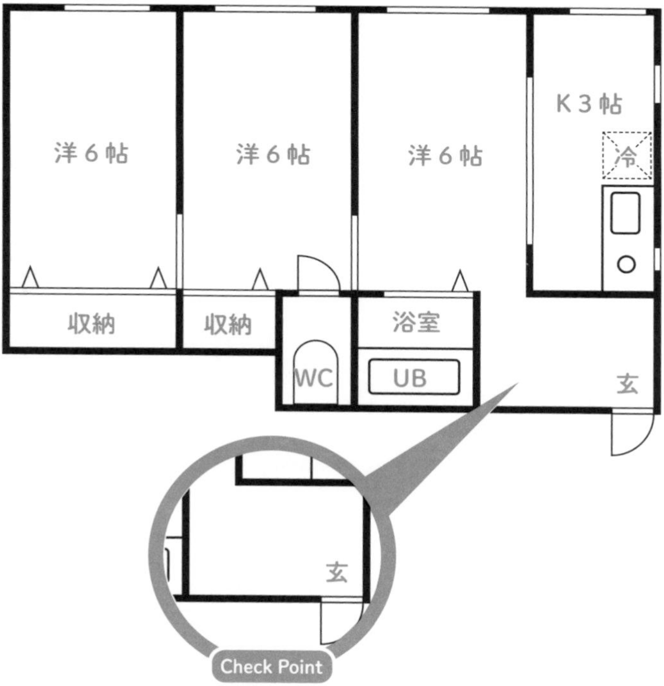

玄関を開けると、いきなり洋室。その隣も洋室。そのまた隣も洋室。そう、この家に廊下という概念は存在しない。ある意味、風通しがいい物件と言えるのだ。

調理スペースとシンクを完全セパレート

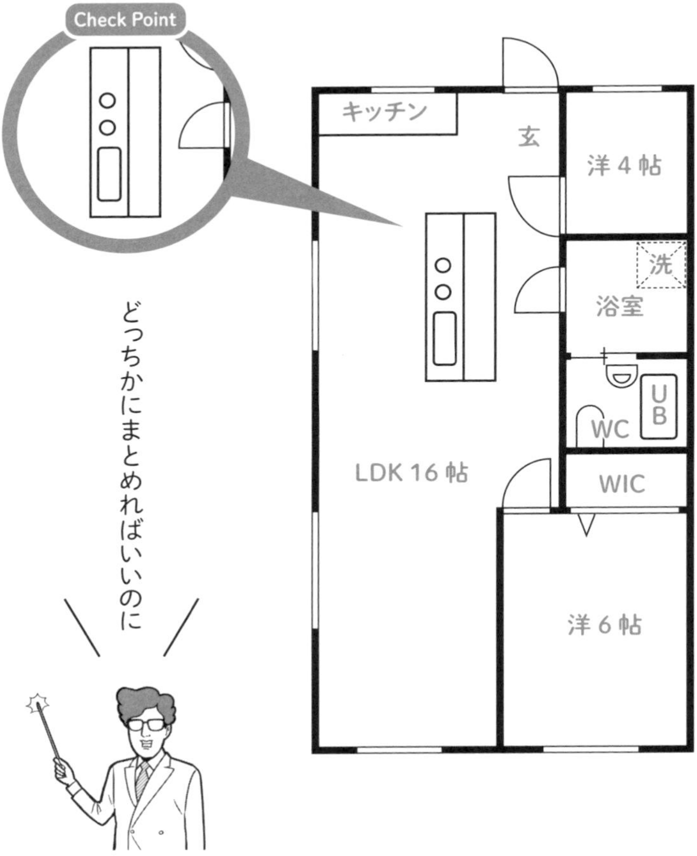

アイランドキッチンかと思いきや、キッチン本体は玄関横にある。そして、シンクだけがアイランドになっている。なぜ、わける必要があったのだろうか。

トイレが混む心配なし

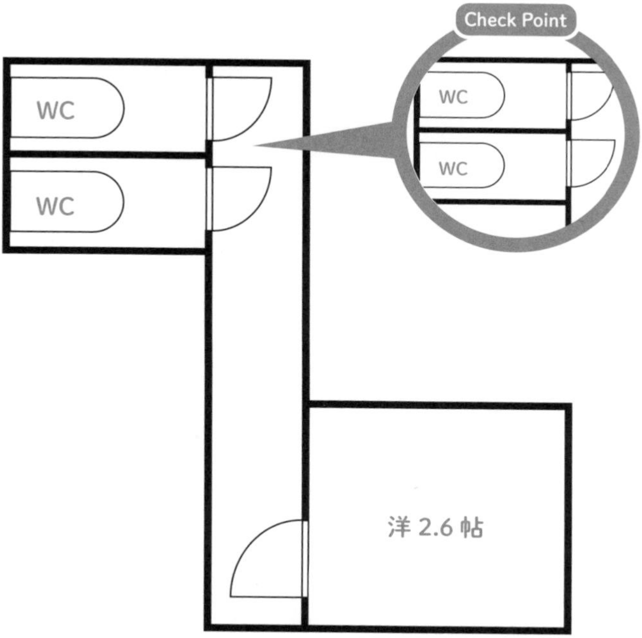

洋室 2.6 帖という狭さに対して、トイレはなぜか2つ用意されている。 そもそも1人しか住めそうにないが、 仮に友人が遊びに来たときでも、トイレを待つ心配は絶対にない。

「長い廊下」に自信ありの家

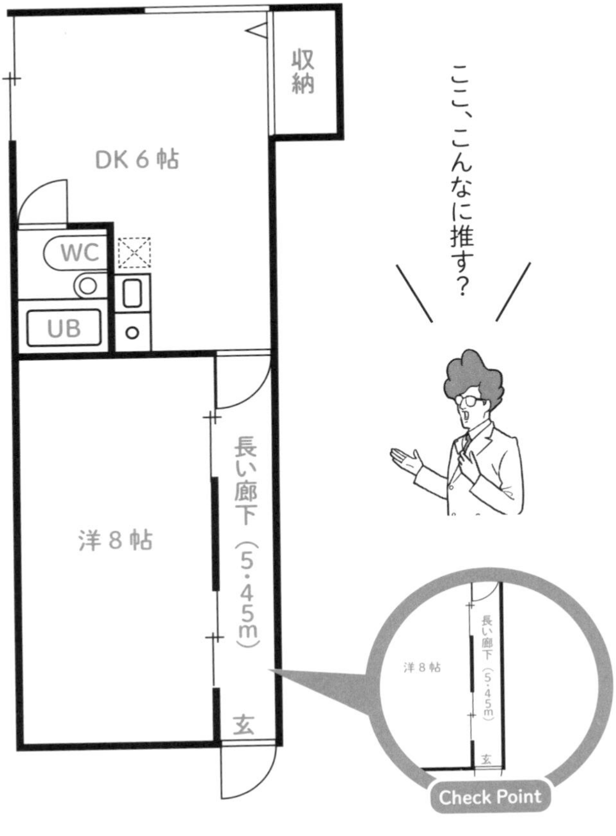

「長い廊下」と表記し、さらにわざわざ「全長 5.45 m」と小数点第2位まで記載するこだわりっぷり。正直、何もストロングポイントにならないし、むしろ欠点なのでは。

「多目的」とは?

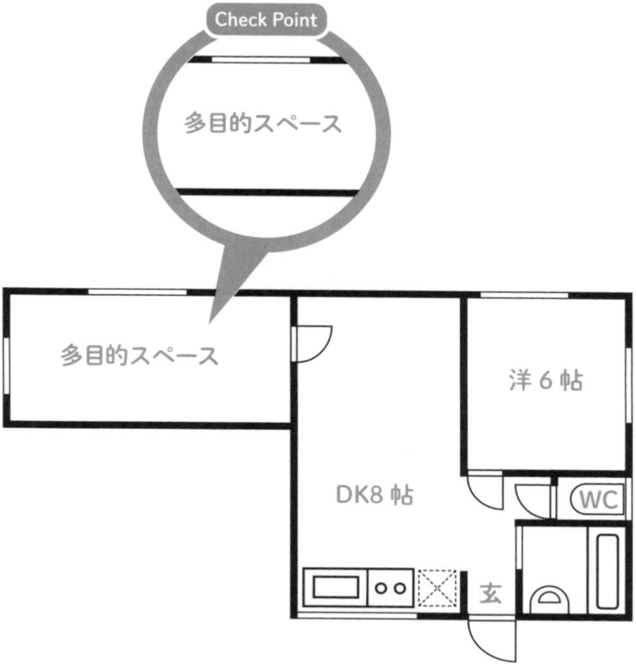

間取りに「多目的スペース」とは珍しい。ここは洋室でもなければ納戸でもない、多目的スペースなのだ。もちろん、元来はあらゆる居室が多目的に使われるものだが。

収納マニアの斜めなこだわり

まず、収納スペースが多すぎる。それはまだいいとしても、こんなに斜めに設置する必要はあるのだろうか。来客がリビングの扉を開いたら、違和感を覚えること間違いなしだ

たぶん天井が低い風呂場

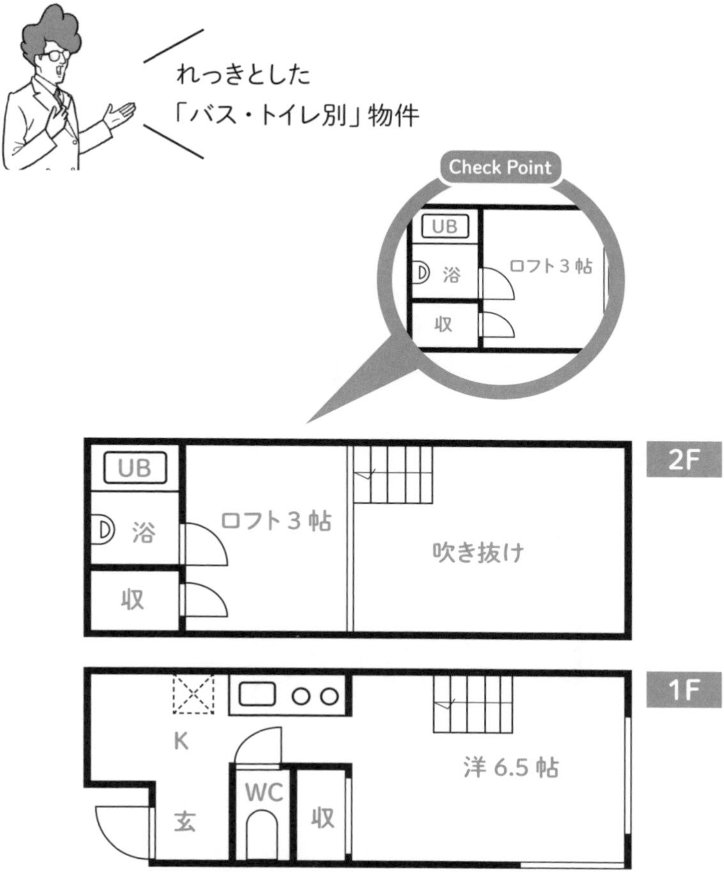

バス・トイレ別物件で検索していたら、まさかロフトに風呂がある物件にたどりついてしまった。入浴がおっくうになることがある方も多いと思うが、この物件に住んでいたらその頻度が多くなりそうだ。

和室で洗濯

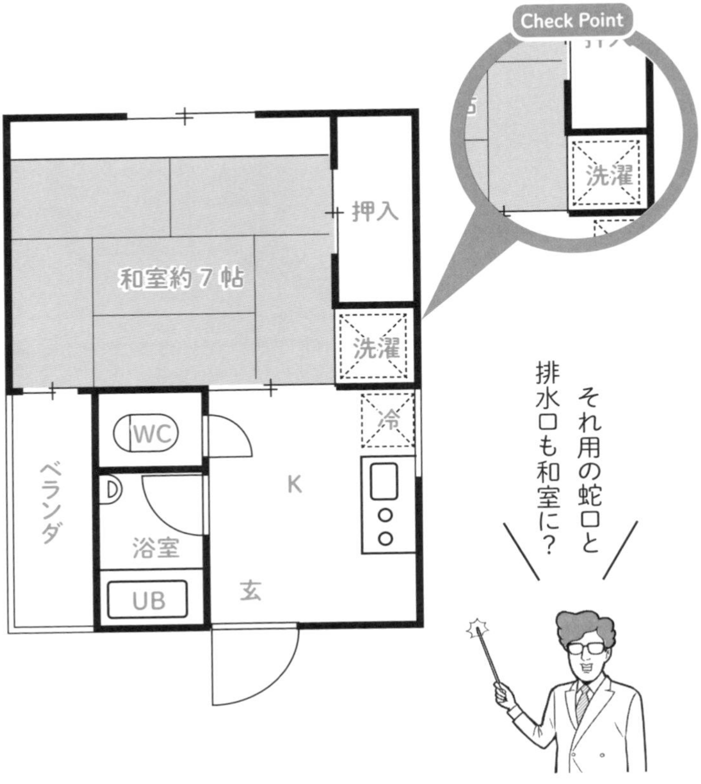

洗濯機置き場の位置にやや違和感が。この間取りだと玄関の横あたりに設置されていたなら違和感はない気がするが、和室の床の間っぽい部分に堂々とその表記が記載されているのだ。

下駄箱が雨ざらしの家

玄関を開けると、そこはバルコニー。奥に扉があり、そこを開けるとキッチンにつながる。キッチン前で靴を脱ぐとすると、靴が雨ざらしになってしまう。もしかしたら土足で入る物件だったりして。

洗濯スペースは広くないとダメ

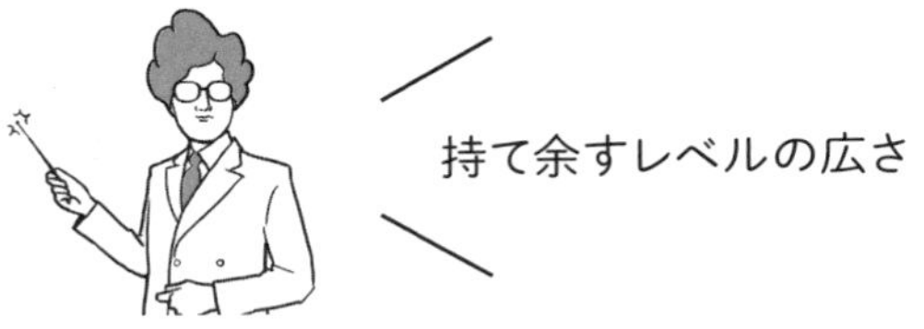

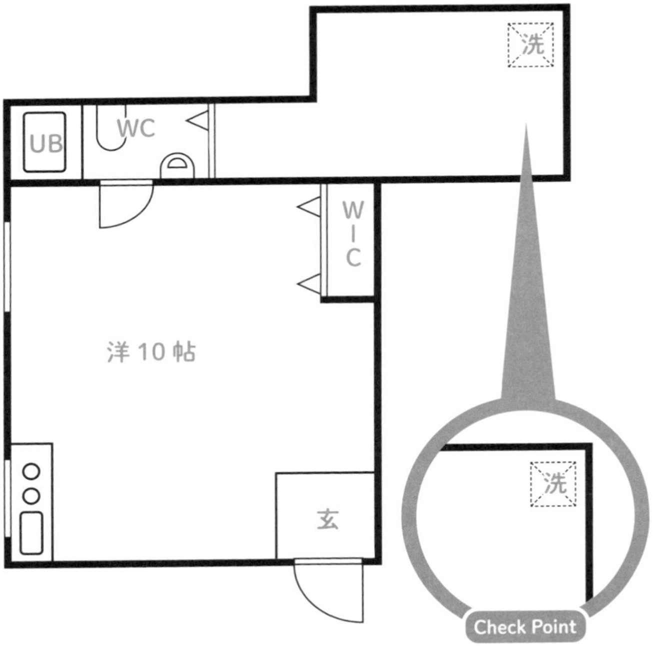

異常に広い洗濯機置き場。ここにバス・トイレを集結させてもよかった気もする。そうすれば、そのぶん洋室はもっと広くなっただろう。

料理しながら洗濯が可能な合理的配置

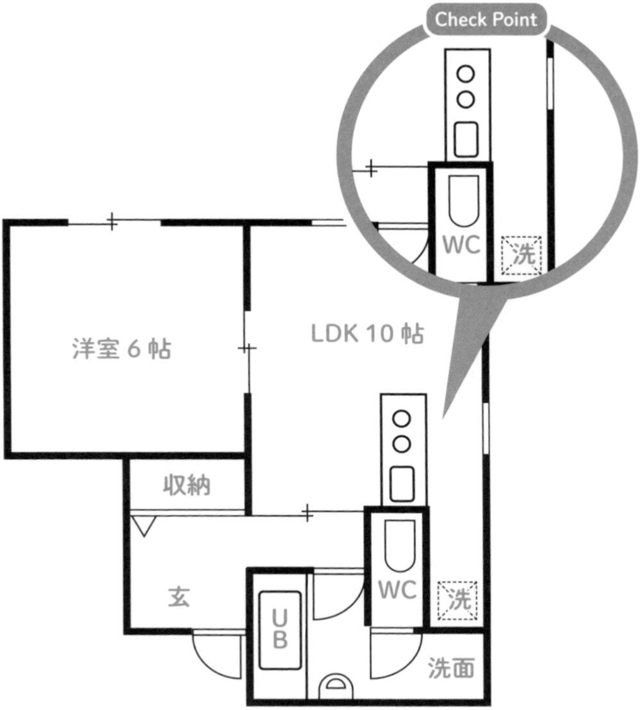

冷蔵庫の間違いでは?

通常ではありえない位置に洗濯機置き場がある。家事は一気に済ませたいタイプなのだろう。料理しながら洗濯を済ませられれば、1日の生活のなかの家事の負担は減るような気が……しないでもない。

これが本当のアイランドキッチン

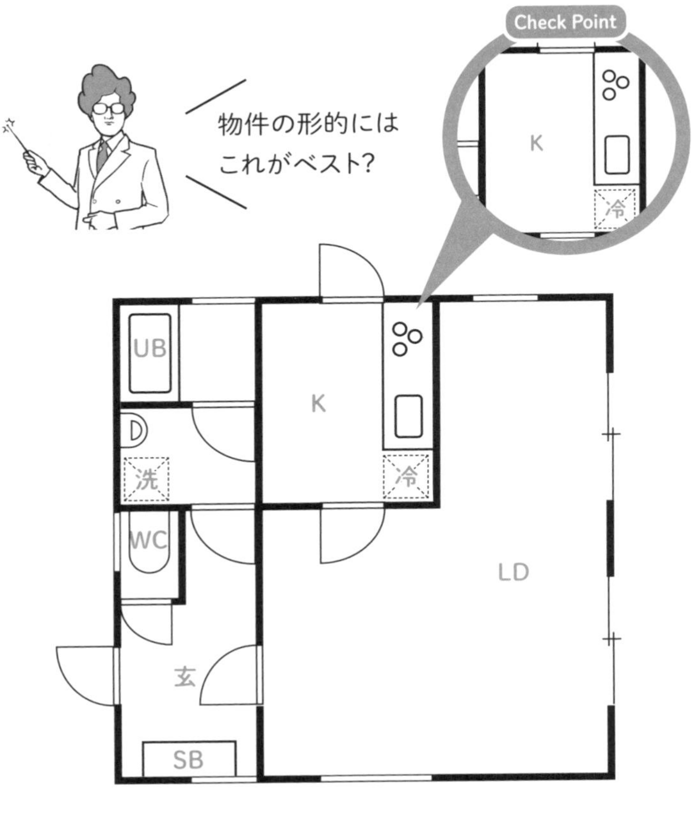

キッチンに扉があり、LDとはセパレートされている。全てつなげてしまったほうがまとまりがいいような気もするが……。

螺旋階段への憧れ

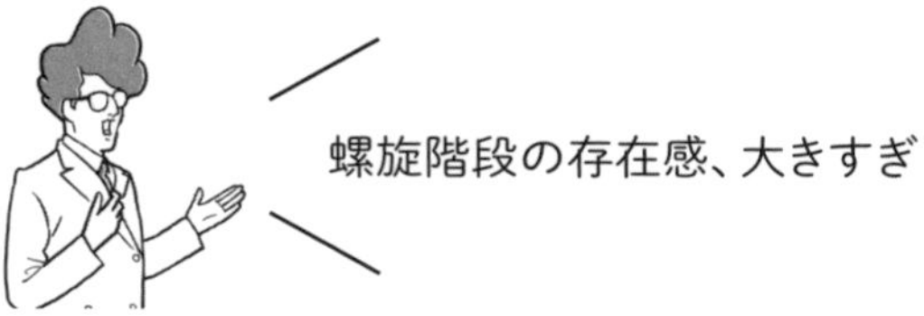

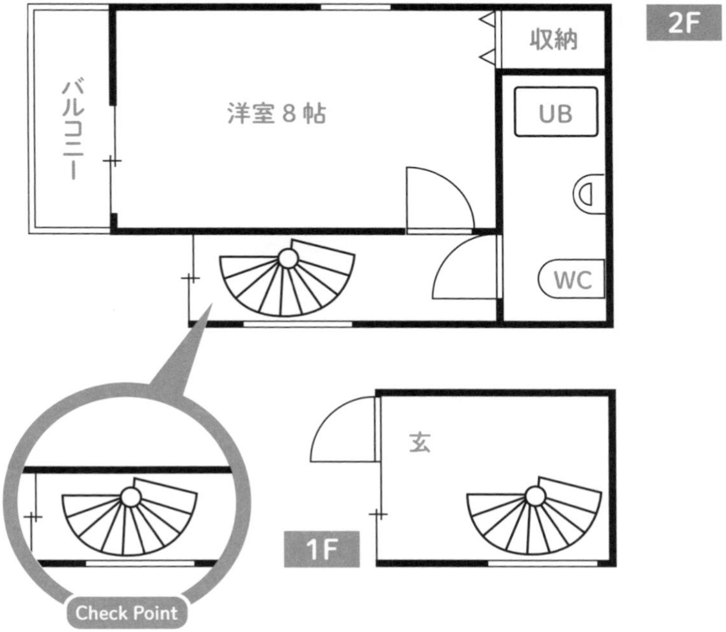

螺旋階段はカッコいい。そんな気持ちが先行して、そこまで広くない家にもかかわらず、ついつい螺旋階段を設置してしまったのだろう。間取りで見ると、螺旋階段の存在感がかなり目立つ。

プライベート空間ゼロ

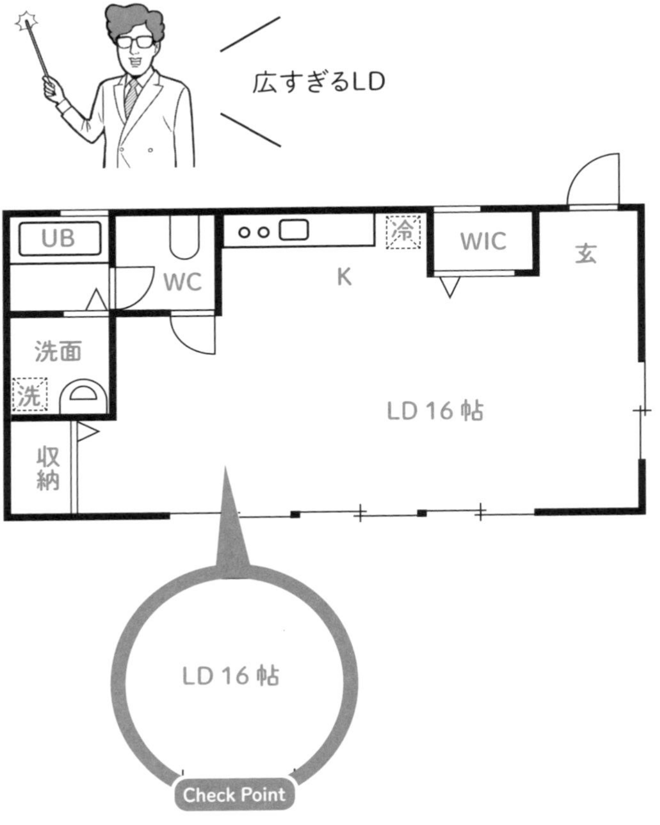

玄関を開けると、廊下をすっ飛ばして、いきなりリビング・ダイニングがある。この広さの家でワンルームっぽいつくりはやや珍しい。

どうしても欲しかったバルコニー

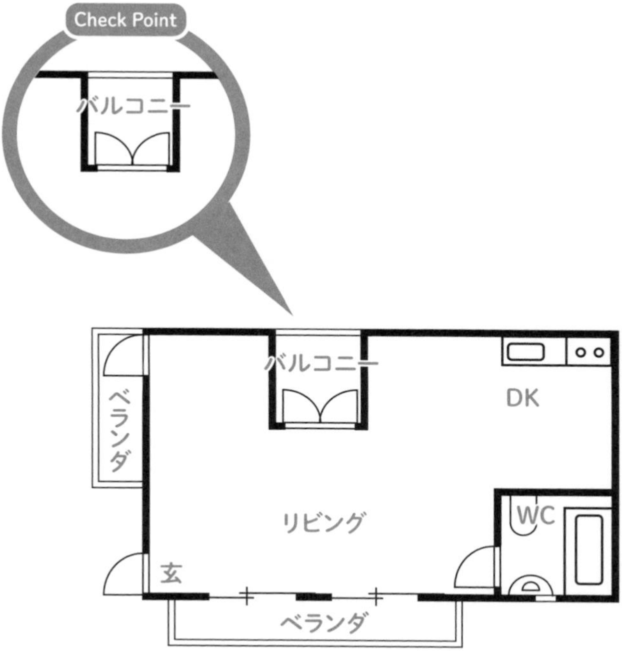

どうしてもバルコニーがほしかったのだろう。仮に、このバルコニーを無理やりつけたことによって、家がやや窮屈な印象になってしまったとしても。

Column

有名漫画に登場する間取り ⑦

『めぞん一刻』一刻館

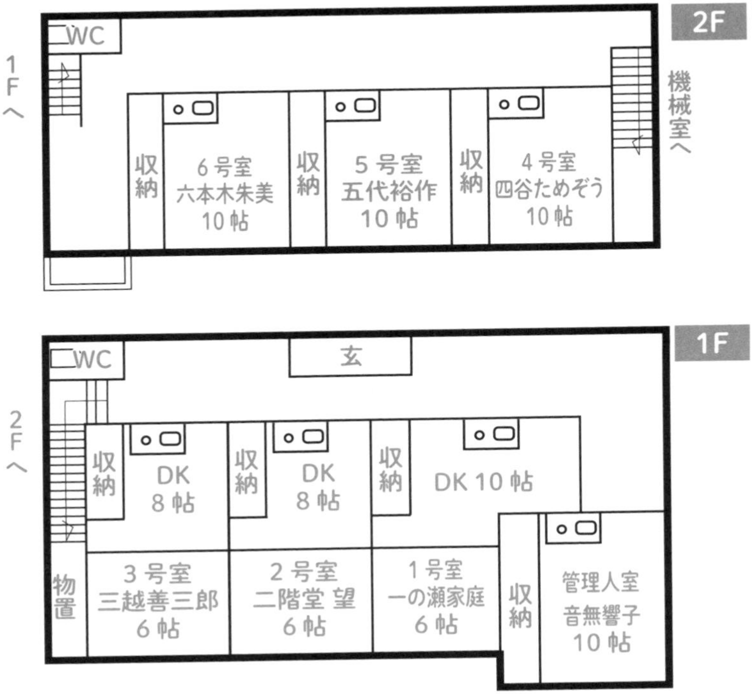

共同トイレで風呂なしアパートのめぞん一刻。物語の舞台となった 1980 年代の時点でかなり築年数が経っている木造アパートであるため、現存していると仮定したら築年数はゆうに 50 年を超える建物となっているだろう。

Column

有名漫画に登場する間取り⑧

『巨人の星』星飛雄馬の家

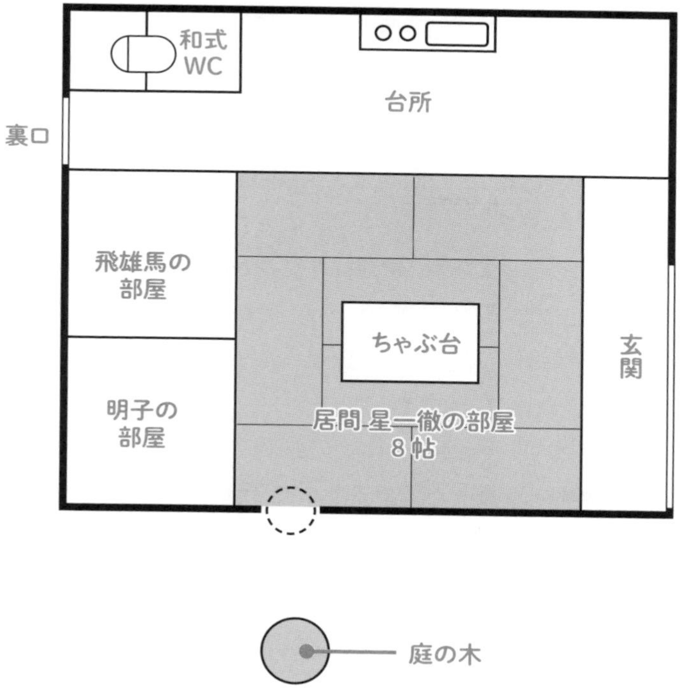

実にシンプルな間取りで、居間が星一徹の部屋を兼ねている。その居間には90cmほどの穴があり、少年時代の飛雄馬は、居間からその穴を通して庭の木を目がけ、球を投げていた。

Column

間取り雑学④

和室のニーズの変化
若者にとっての「畳」とは

日本の伝統的な床材である畳は、色合いや匂いが多くの日本人にとって心の癒しになると同時に、断熱性や保温効果、吸湿効果などの機能性、実用性にも優れています。和室は古くから客間として使われ、おもてなしには欠かせない部屋でした。ところが、定期的な交換が必要になるといった理由や、フローリングを採用した欧米風の住宅が増えたことなどの理由から、「日本人の畳離れ」が進んでいると言われて久しい今日この頃です。

その一方で、マイホームに畳のある和室を取りいれた人の世代別割合を調べた調査では、20代から30代の若者が最も多いことが判明。その理由には、「落ち着く」「くつろげる」「子どもの遊び場にできる」といったものが挙げられています。

これらの事実から、和室の目的が従来から大きく変化していることがわかります。

そして近年では、畳とフローリングをつなげたり欧米風の家具を組み合わせたりする「和モダン」も人気を集めています。畳は、用途を変化させながらも新しいスタイルで若い世代に受け継がれていると言えるでしょう。

第5章

規格外の大きさ、迷惑すぎる形

規格外の大きさ、迷惑すぎる形

こんな大きさや形、いくらなんでもあり？

家にある設備や家財の位置や形はどういったものが一般的か、なんとなく共通認識があるかと思います。

たとえば、バスルームが専有面積の半分を占めていたら明らかに不自然でしょう。そのような、間取りからわかる明らかにおかしな大きさや形をした物件を本章では取りあげて紹介していきます。

ちなみに、家の大きさや部屋の数はどんなものが一般的なのか、リクルート住まいカンパニーが2020年3月に「首都圏新築マンション契約者動向調査」を実施してします。

そのデータによると、「70～75㎡未満」が全体の約37％で最も多く、「60～70㎡未満」が次いで26％という結果となりました。これらファミリータイプのマンションは、3～4LDKの間取りが一般的な形になります。

また、一人暮らし用の部屋だと、25㎡前後が平均的な部屋の大きさ。20㎡以下の部屋であれば家賃は割安になり、30㎡以上だと部屋がゆったり使えるかわりに家賃は割高になっていく傾向が一般的です。

そうした平均データや一般常識を踏まえながら、つい「なんだこの形は、大きさは!」とつい声を出してしまいそうになる間取りを見ていきましょう。

ドデカMB（メーターボックス）

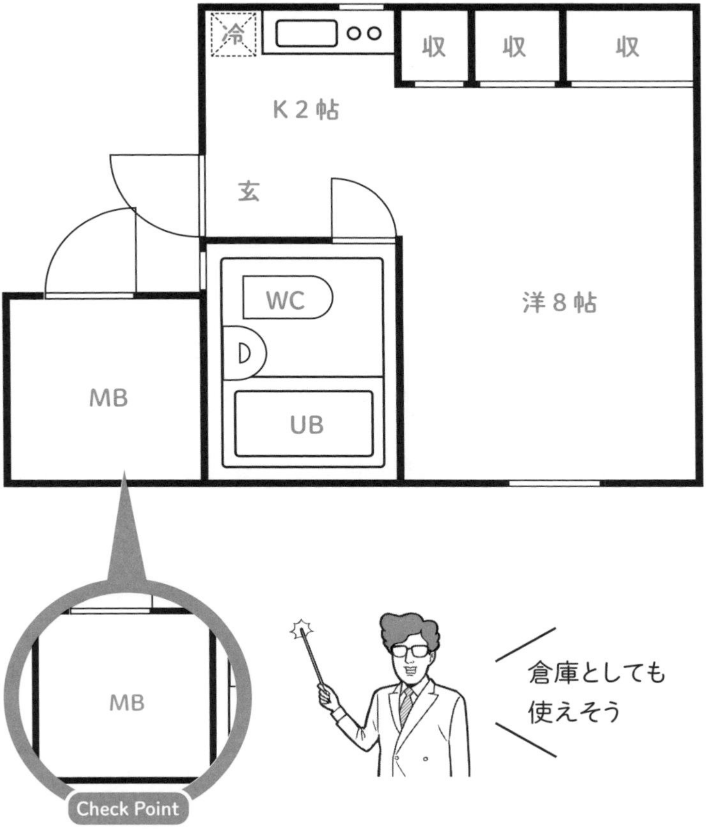

メーターボックスとは、電力量計や水道メーター、ガスメーターなどを収納する空間だが、いくらなんでもここまで大きなメーターボックスは見たことがない。こんなに大きい必要性はあるのだろうか。

確実に持て余すベランダ

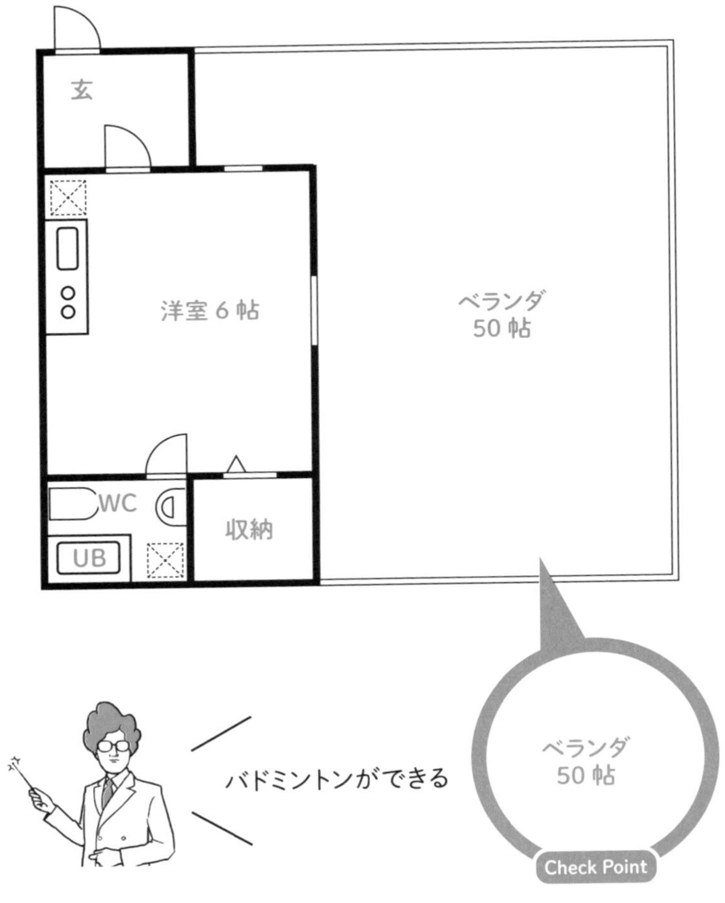

異常にデカいベランダ。ここまで大きくするなら、むしろ室内をもっと大きくしてもらいたいものだが、それはできなかったのだろうか。

もはや間取り図では表記しきれないルーフバルコニー

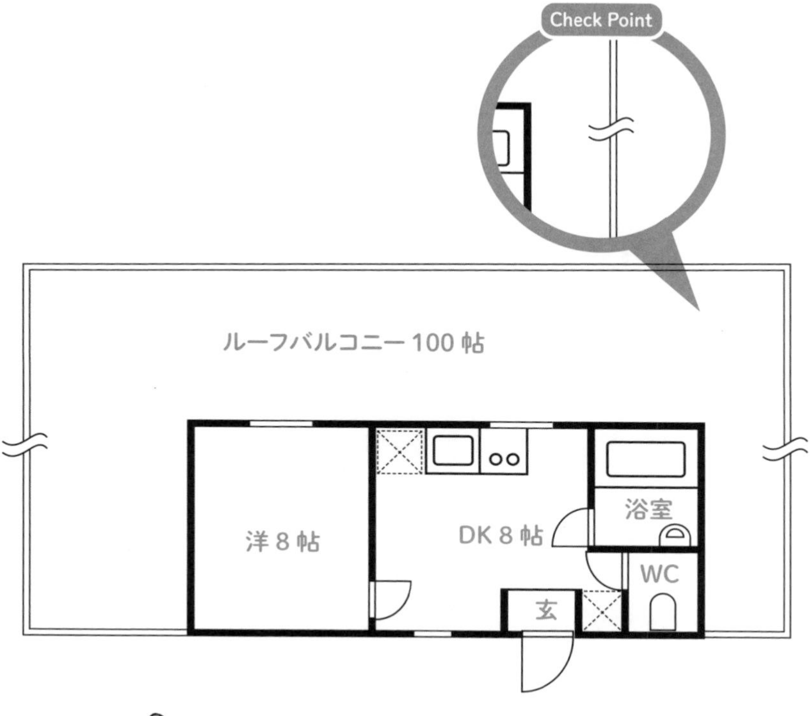

バスケの1on1も余裕

もはや間取り図では表記しきれず、省略のマークで表されるほど広いルーフバルコニー。一体なぜこんなにも大きく設計したのだろうか。バスケのハーフコートくらいの大きさはあるだろう。

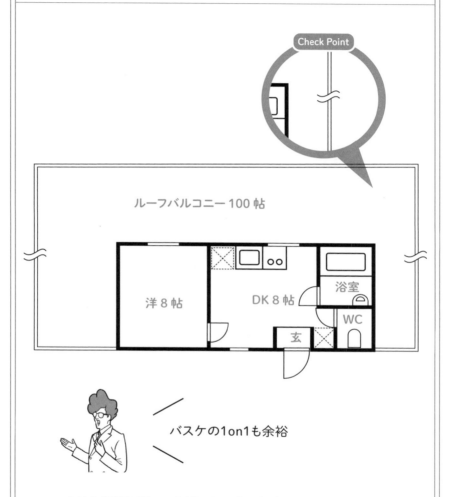

ペットのハムスターだけが通れる秘密の通路

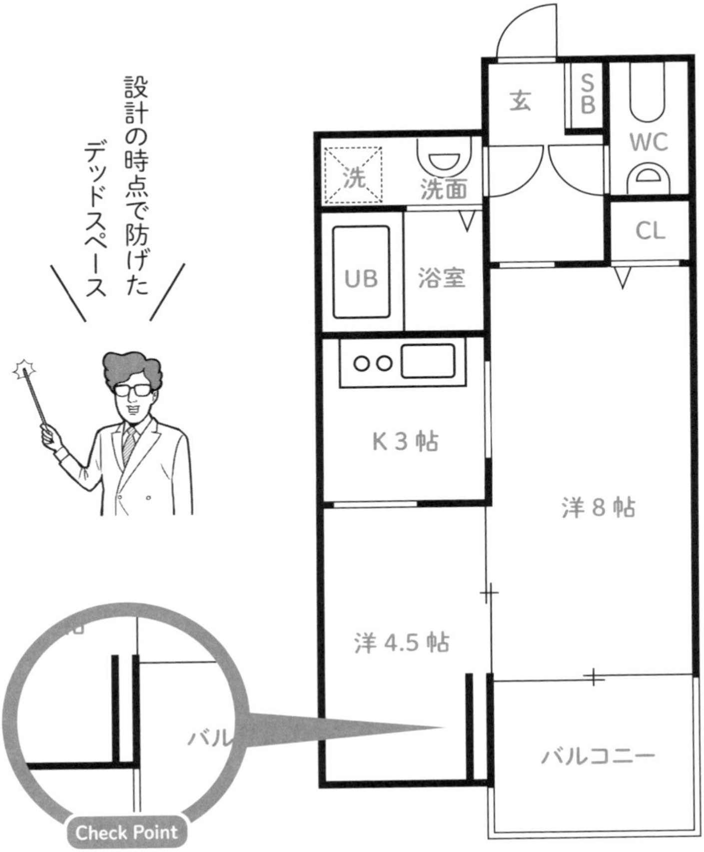

洋室の端に、謎の隙間。人は通れそうにないし、なぜこの隙間をつくったのか、設計の意図は不明。この部分の見た目はどんな感じなのか、想像もできない。

バルコニーの中のトイレ

室内の狭さを考えれば、やむなし？

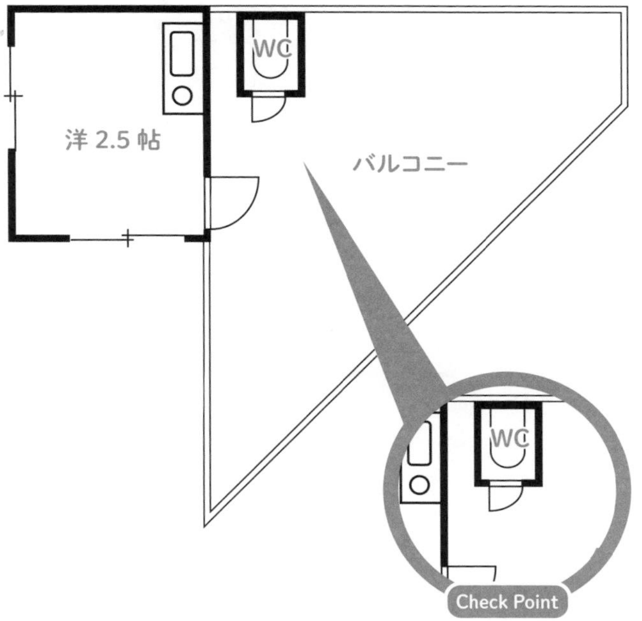

まず、洋室の大きさに対してバルコニーが広すぎる。そして、そのバルコニー内に堂々と存するトイレ。まぁ、これだけバルコニーのスペースが余っていれば、この配置は仕方ないのかもしれない。

ねこだけが行き来できる通り道

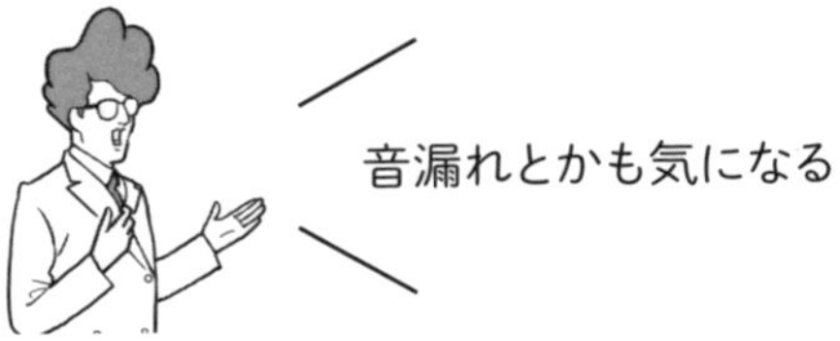

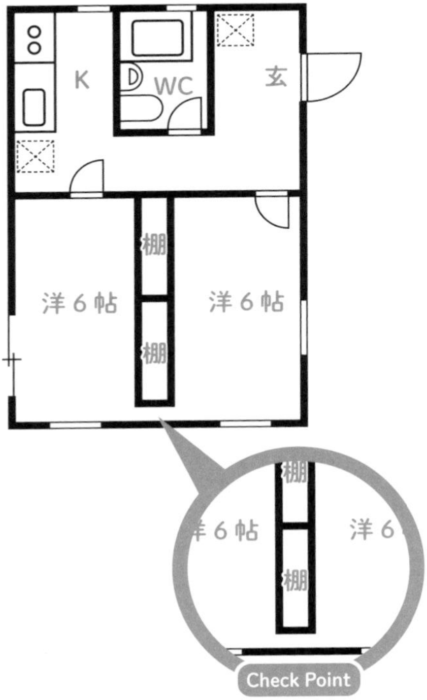

この6帖の洋室は、実は密室ではない。奥に少し隙間が空いているのだ。人が通れるような大きさではなさそうだが、ここから誰かに覗きこまれていないかちょっと不安だ。

目的不明の大きなホール

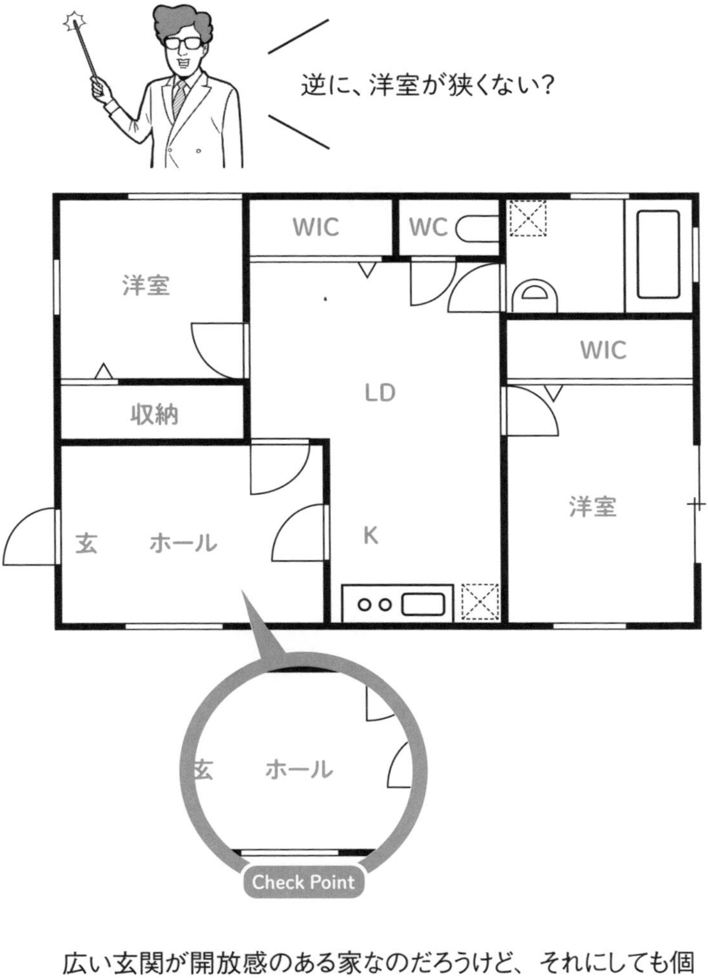

広い玄関が開放感のある家なのだろうけど、それにしても個人宅には玄関ホールが大きすぎやしないだろうか。そのぶんリビングや各部屋を大きくしてくれたほうがありがたい。

ここに決して物を落とすべからず

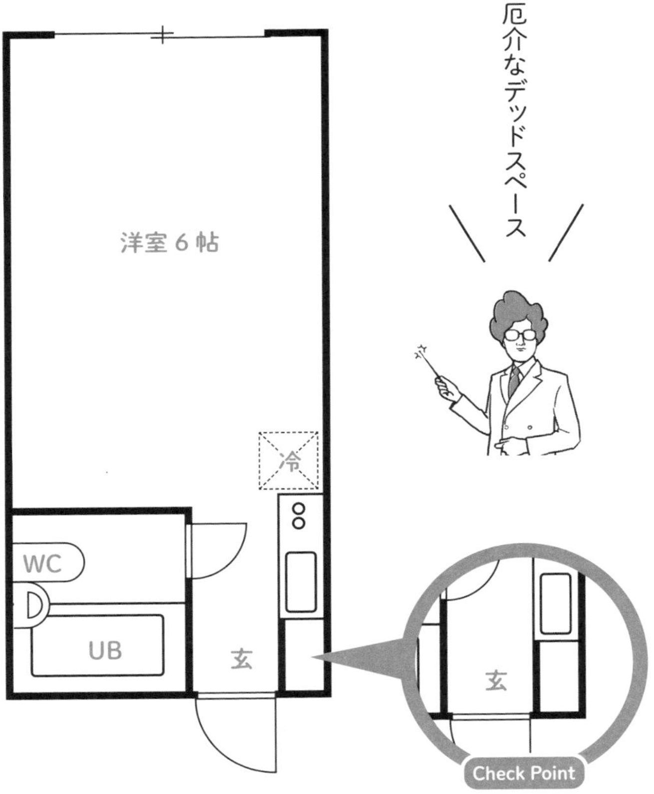

玄関のそばにあるキッチン。その端と壁のあいだには欠陥的デッドスペースがあり、そこに何か物を落としてしまったら簡単には取れそうにない。いかにも落としそうだし…。

玄関とひとつなぎの寝室

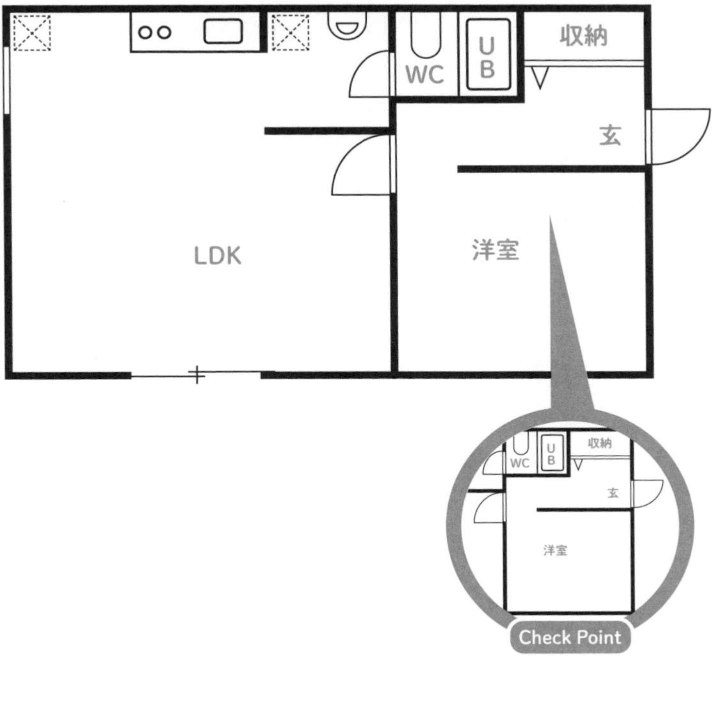

玄関を開けると廊下っぽい空間が伸びているのだが、実は洋室とひとつなぎ。これならいっそワンルームっぽくつくったほうが部屋に開放感があってよかったかもしれない。

シングルベッドよりやや大きいくらいの部屋

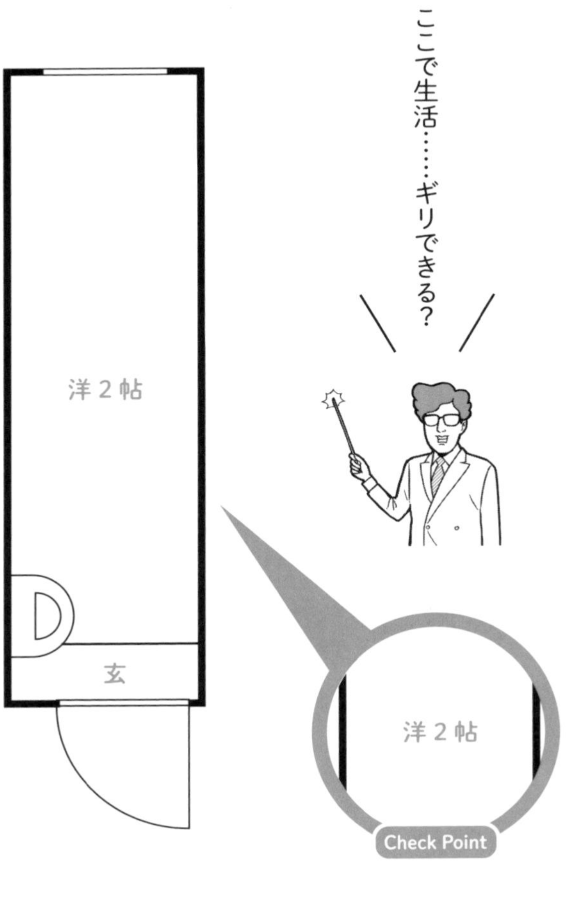

今までに見たことがないくらい狭い部屋だ。ここまでくるともはやカプセルホテル。洗面台がある位置から、コンビニやカフェのトイレのようにも見える物件だ。

バス・トイレにドアがないスタイル

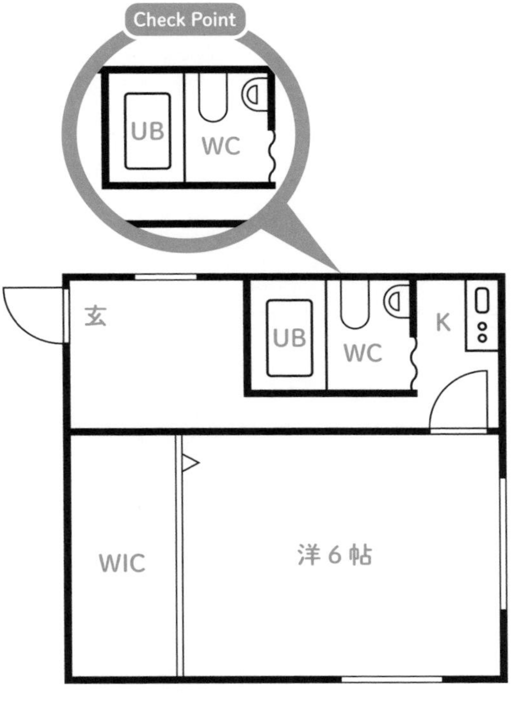

この物件のトイレにはドアがない。この波線はカーテンか何かの表記だろう。自身に必要がないとしても、来客は音を気にしてしまうこと間違いなし。

1帖でDKと言い張るふてぶてしさ

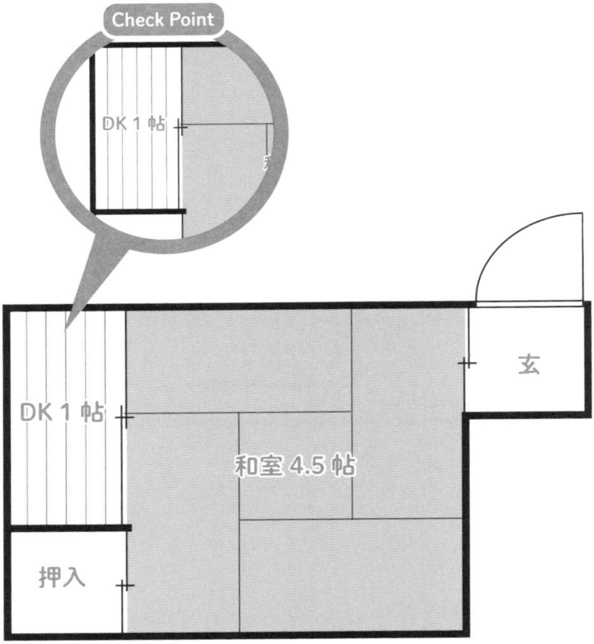

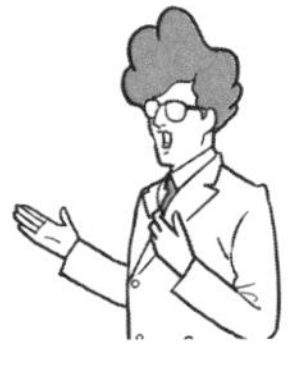

まるで古い旅館の一室。明らかに単なる床の間なのに、そこをDKと言い張っている。しかも、ふてぶてしくも1帖の表記。どうしても「1DKです!」とアピールしたかったのだろうか。

毎回のシャワーがスリル満点

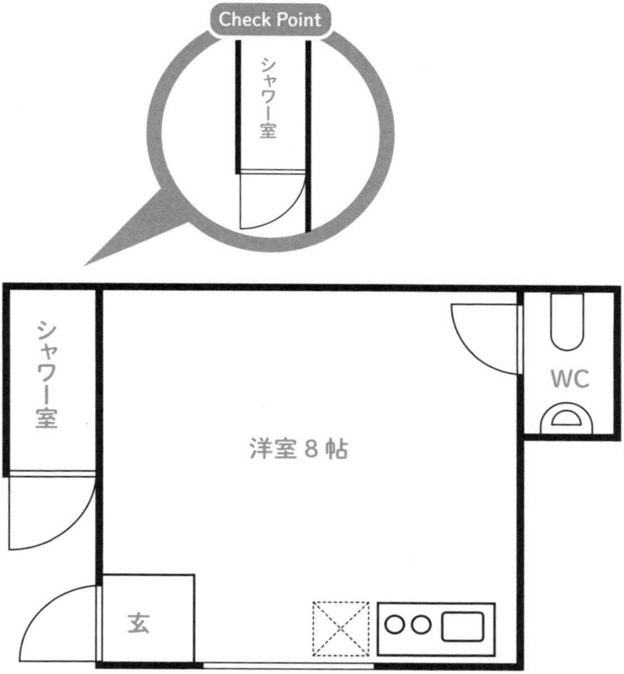

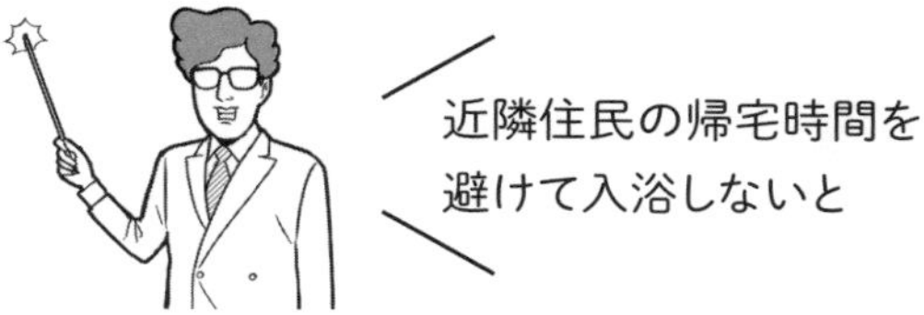

シャワー室が玄関の外にある物件。脱衣を洋室で行なうとしたら隣人に気を使うし、冬は寒すぎる。洋室側から入れるつくりにしてあげればよかったのに。もしかして共同使用なのだろうか。

廊下のようなLDK

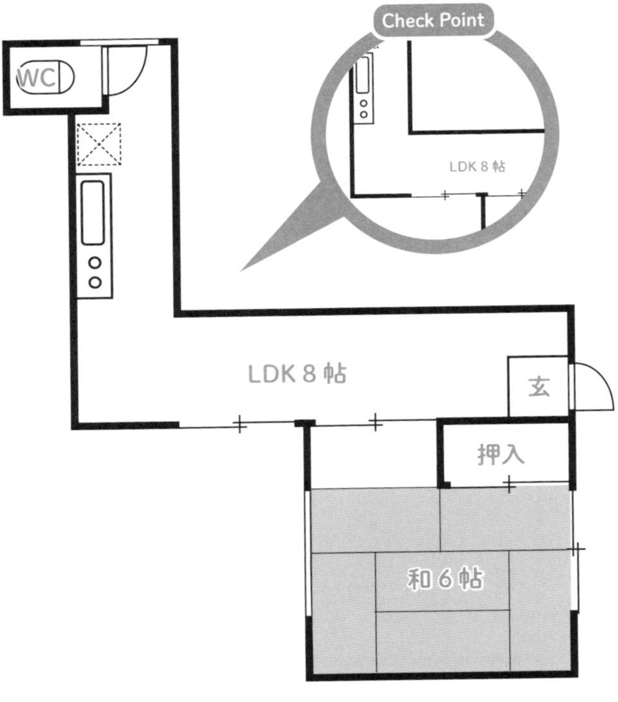

テレビは壁掛けタイプを推奨

LDKと書いてあるものの、そこは廊下のような形をしている。テレビやソファはどこに置くか、考えさせられる。というか、ソファは置けないかもしれない。

鋭利すぎる部屋

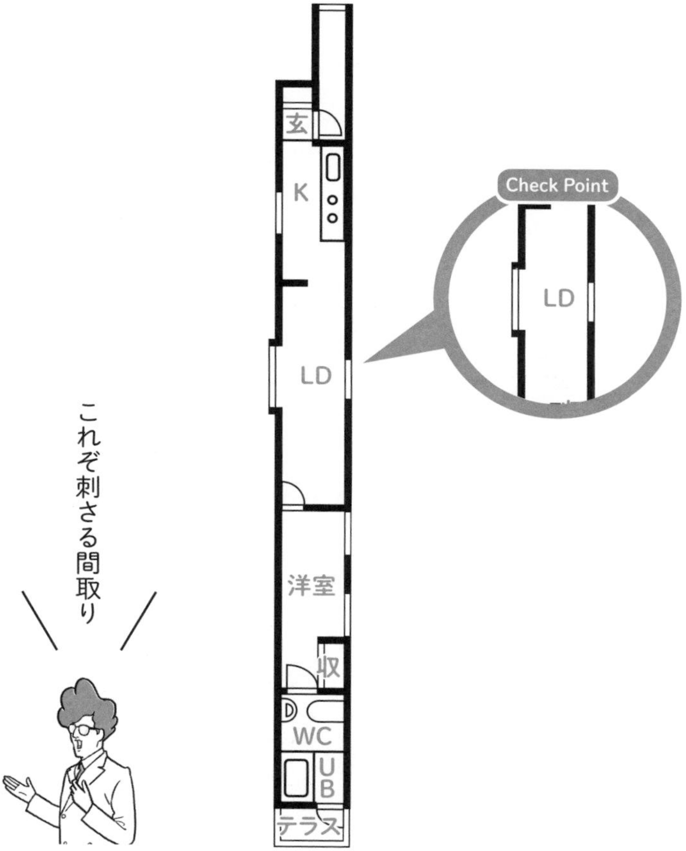

狭小物件は地価の高い都内にありがちだが、ここまで細長いのはなかなか見たことがない。なんなら、先端がとがっていることで細長いどころか鋭利な形の物件だ。

邪魔すぎる柱

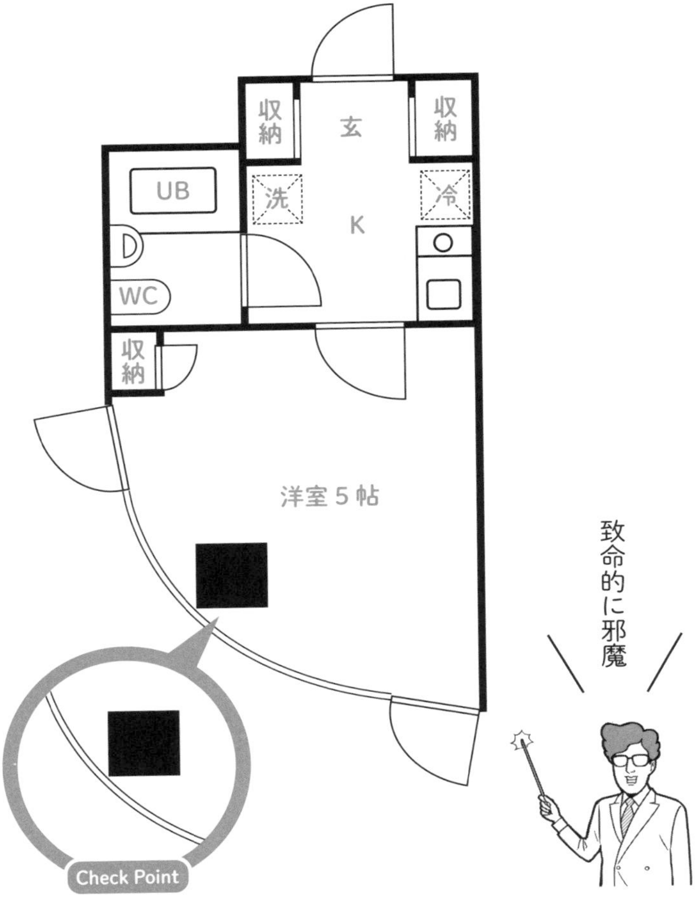

室内が円状になっているところまではいいけど、この柱が邪魔すぎる。何かもっと工夫はできなかったのだろうか。部屋が狭く見えるのは間違いない。

冷蔵庫は諦める?

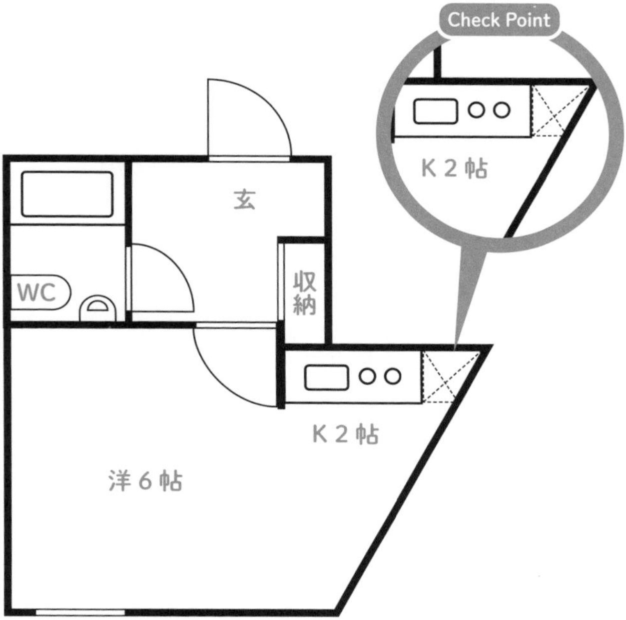

冷蔵庫を置くためのスペースをキッチン横に設けたのはいいものの、壁が斜めになっていることから明らかに普通の冷蔵庫は入らない形になってしまっている。ここに入れるには、細長い形の冷蔵庫を探すしかない。

Column

有名漫画に登場する間取り ⑨

『あたしンち』立花家

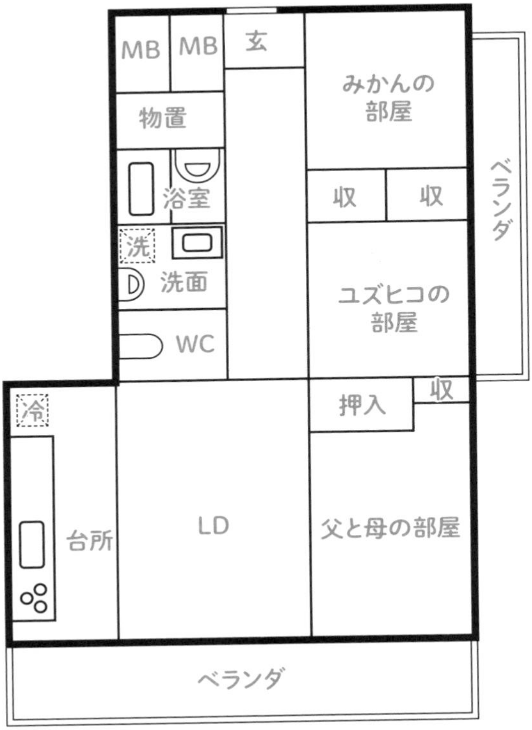

立花家が住む分譲マンション。みかんとユズヒコの部屋がバルコニーでつながっていることから、どうやらこの家は角部屋のようだ。この家の中で、たくさんの面白おかしなエピソードが繰り広げられてきた。

Column

有名漫画に登場する間取り ⑩

『ドカベン』山田太郎の家

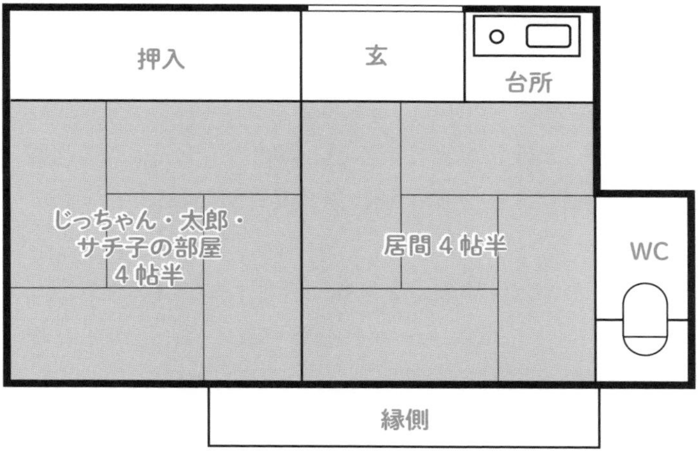

ドカベンのじっちゃんが横浜で営む山田畳店。ドカベンの両親はドカベンが小さい頃に交通事故で亡くなってしまったため、学生時代はこの家でじっちゃんと妹・サチ子の3人で暮らした。

Column

間取り雑学⑤

進化を続ける、住宅の断熱性
脱炭素化に向けて

持続可能な社会の実現のために取り組まれている、脱炭素化。日本政府は、温室効果ガスの排出量を2050年までに全体としてゼロにする目標を2020年に発表しました。これは、二酸化炭素の排出量と植物の光合成による吸収量を同量にすることで、排出量を実質的になくすというものです。

そのため、自動車の電気化や再生可能エネルギーの利用などさまざまな取り組みが各分野で進められています。建物の建築も、その一つ。

具体的には、建物の断熱性を高めることで冷暖房の過剰な使用を抑えて脱炭素化に貢献することができるというもの。この動きは日本政府からも推進され、住宅の断熱性能を示す従来の5段階の指標に加えて、2022年3月にさらに優れた機能を持つ等級が2つ新設されました。最も優れた機能性を指す等級6を満たせば、冷暖房による一次エネルギー消費量を約40%削減することができるとされています。断熱性性能の高い住宅は、脱炭素化への取り組みと同時に光熱費も節約できるため、地球にも家計にも優しい家だと言えるでしょう。

第6章

迷路、ダンジョン系

迷路、ダンジョン系

迷路や、昔のRPGのダンジョンを連想させる

第6章では、一部のデザインがどこか既視感のあるシルエットをしている間取りをピックアップしました。

まるで迷路みたいな通路や、よくよく見ると昭和から平成初期に流行った2Dのロールプレイングゲームをほうふつとさせる形など、間取りをぼんやりと眺めていると、そう見えるものが多々あるのです。

テレビゲームが3D表現になって久しいですが、当時はあの2D世界をさまよって必死に旅をしていました。テレビゲームは進化しますが、間取りはいつの時代もそのフォーマットを変えません。当たり前ですが、いつの時代も2Dのまま。

だからこそ、間取りを見ていると当時のそんな思い出がついフラッシュバックするのかもしれません。（※個人差はあります）

もちろん、そもそも「なんのためにこの形なんだ……？」「なんでこんな形なんだろう」と思わせるような間取りばかり。しかし、そんなツッコミよりも先に「あ、なんか見たことある！」「うわ、これあの形じゃん！」と、テンションがあがってしまうのが、本章で紹介する間取り。

ついつい、昔クリアしたロールプレイングゲームを久しぶりにやり返したくなるような、間取りからそんな魅力を発している物件とも言えるでしょう。

絶対に宝箱を置くためのスペース

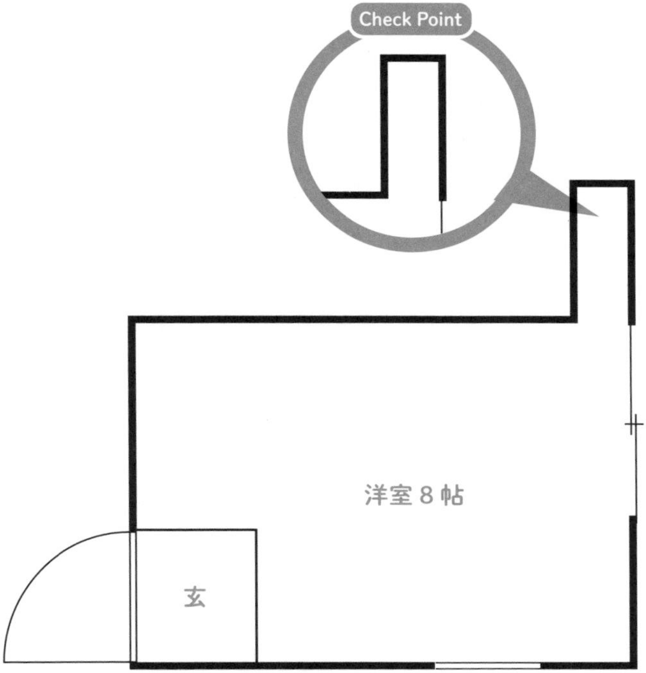

この意味ありげなでっぱり。ここには何かしらのアイテムや宝箱が置いてあるに違いない。確かめずに先に進むことはできないだろう。

くねくねと曲がる道

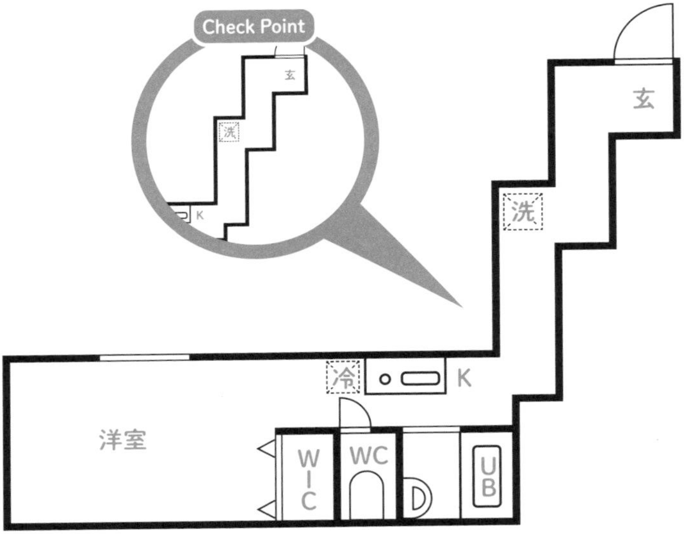

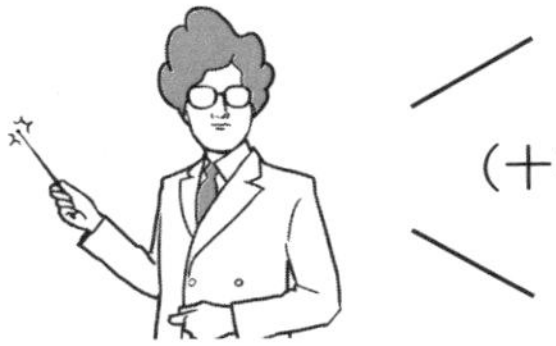

（十字キーを）左、下、左、下

ザ・ダンジョン風の廊下。ちなみに、途中に洗濯機置き場があるが、ここに洗濯機を置いたら非常に通りづらくなる。この場所に置くのは避けたいところ。

部屋にかかる橋

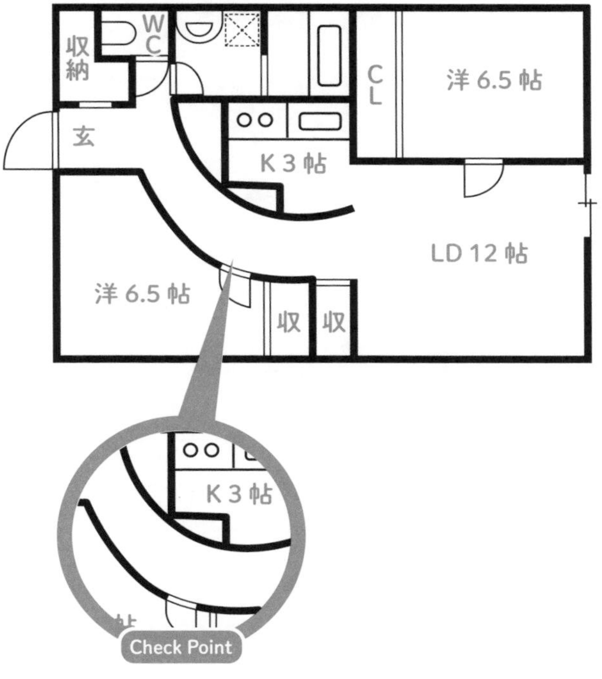

ぱっと見、空中をまたぐ橋のよう。しかし、LD にはつながっていない様子。この通路がなぜこのような曲線を描いているのかは不明だ。

ボス部屋の前のセーブポイント

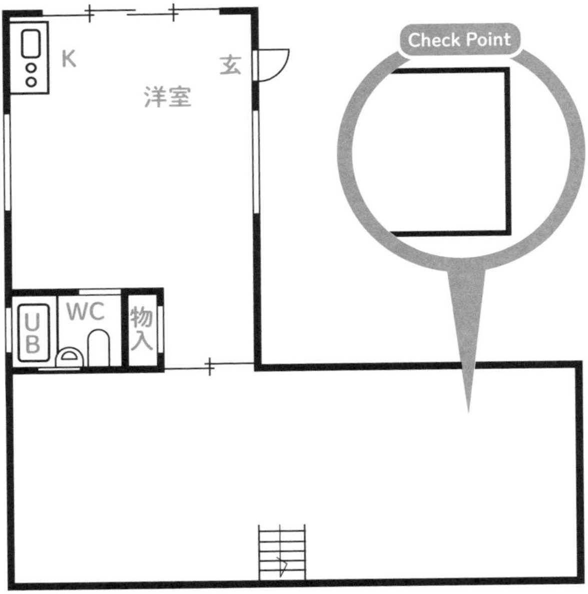

階段があるこの広いスペースには、なんだかセーブポイントがありそう。まるで、玄関に足を踏み入れたその先にボス戦が待ち受けていることを示唆するように。

ボスの位置は2階バルコニーの一番奥？

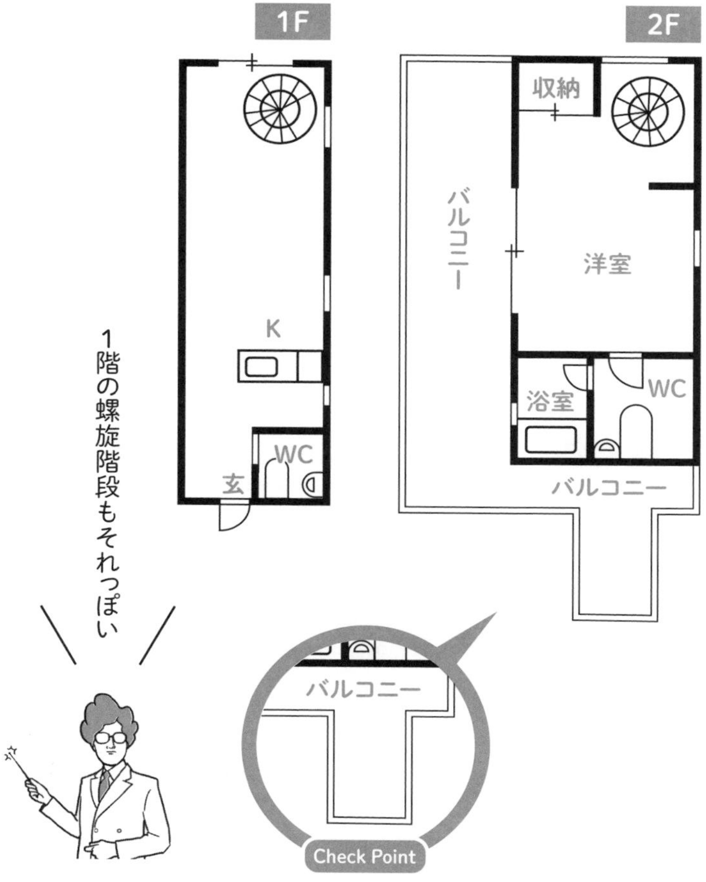

定石的には、2階奥のバルコニーのでっぱりにボスがいるはず。1階の螺旋階段をのぼって2階の洋室からバルコニーに出て、覚悟ができたらあとは下（奥）に向かうだけだ。

宿屋にて

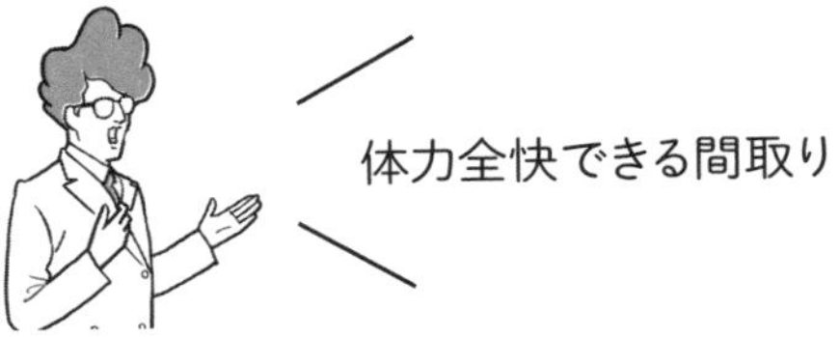

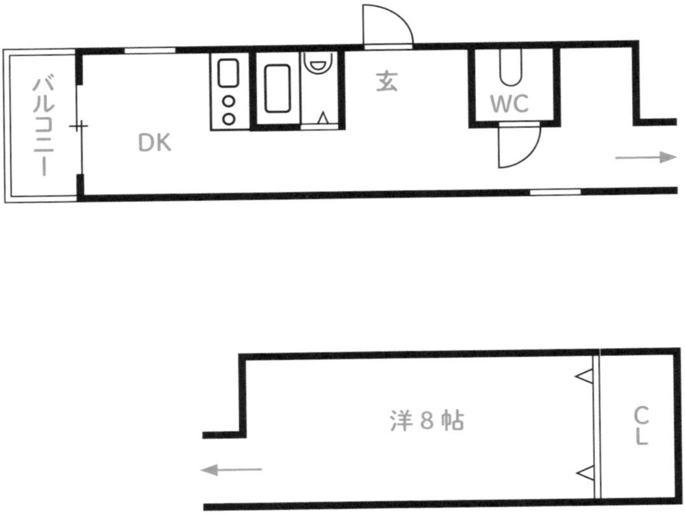

どことなく、宿屋っぽい間取り。受付があって、宿屋の親父に話しかけると、一晩いくらかで泊まらせてくれるっぽい間取り。

バルコニーの先に次のエリアが

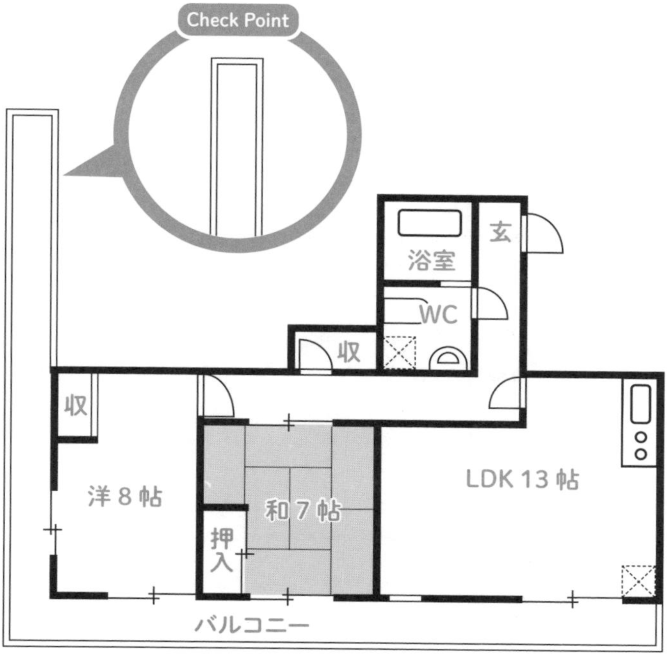

どこに行けば次のエリアに行けるかは、このマップ（間取り）を見れば一目瞭然。バルコニーの先に進めば、次の画面が広がるのは間違いない。

ダンジョンでたまにあるトラップ

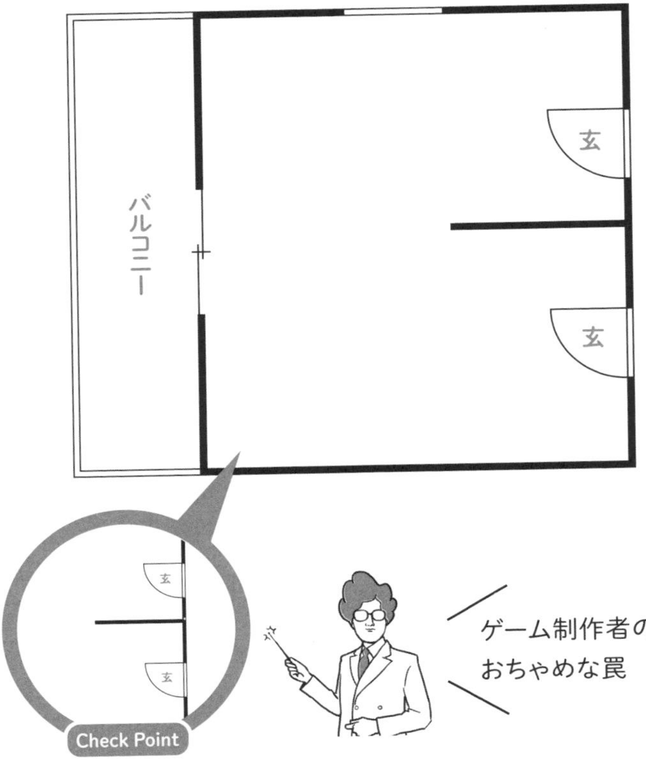

新しい扉を開いたと思ったら、さっき行った部屋と奥でつながっているじゃないか。なんてのはよくあること。こういうトラップはたまにある。

入り組んだ通路に、入る部屋が多いエリア

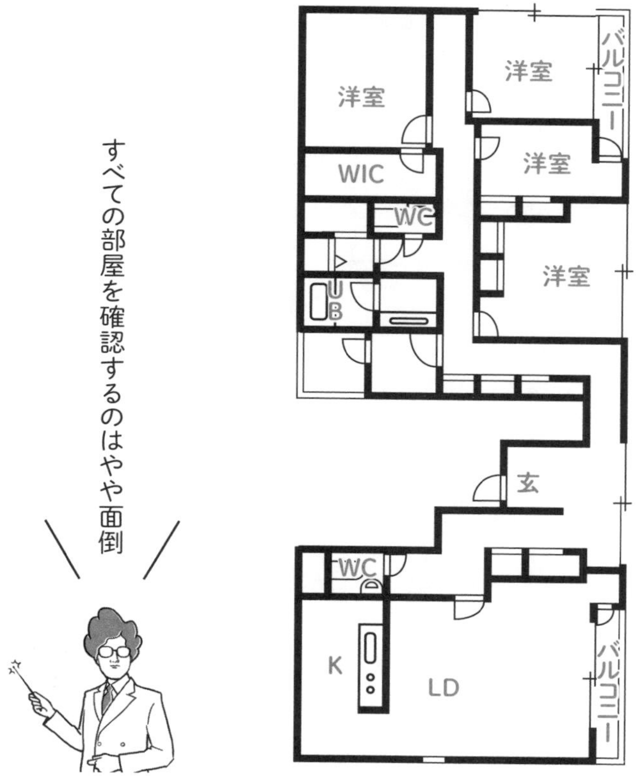

なかには入り組んだダンジョンもある。そして、やたらと入る部屋が多いのだ。一つ一つの部屋を確認して行くか、それともすべて無視して突っ切って行くか……それはプレイヤーの自由だ。

螺旋型ダンジョン

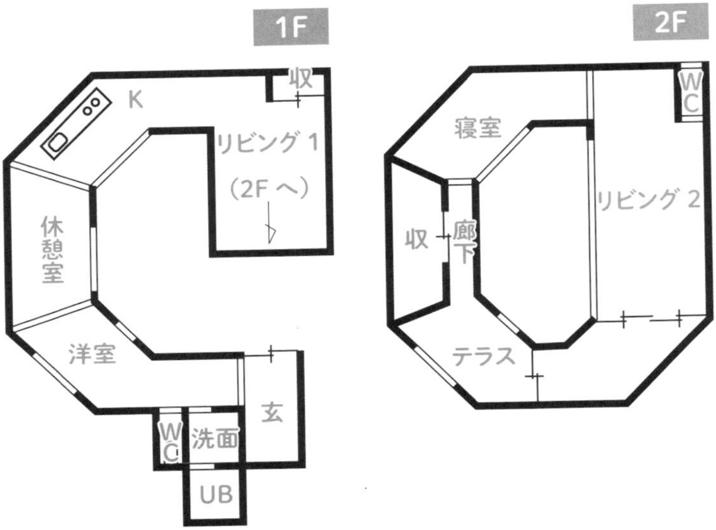

こういうタイプのダンジョンかぁ

螺旋型になっていて、ぐるぐると歩いて上にのぼっていくタイプのダンジョン。最上階では、きっとボスが待ち受けている。

宝箱のありか

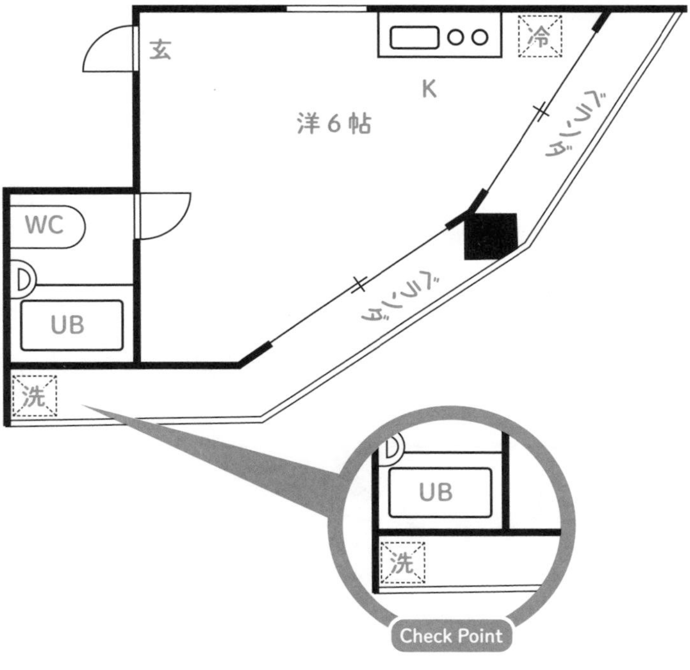

この間取りもまた宝箱のありかをほうふつとさせるようなつくり。しかも、洗濯機置き場の表記がよりその感じを演出しているぞ。

たまにあるやたら長い一本道

時代に合わせて単調化?

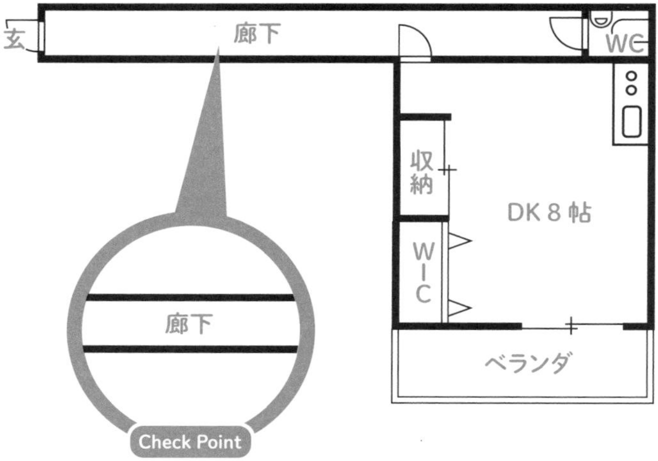

今度は、ダンジョン内にたまにあるやたら長い直線。入り組んだダンジョンだと移動が面倒くさくなるときもあるが、これはこれで味気ない。

和室に入るまでの道のり

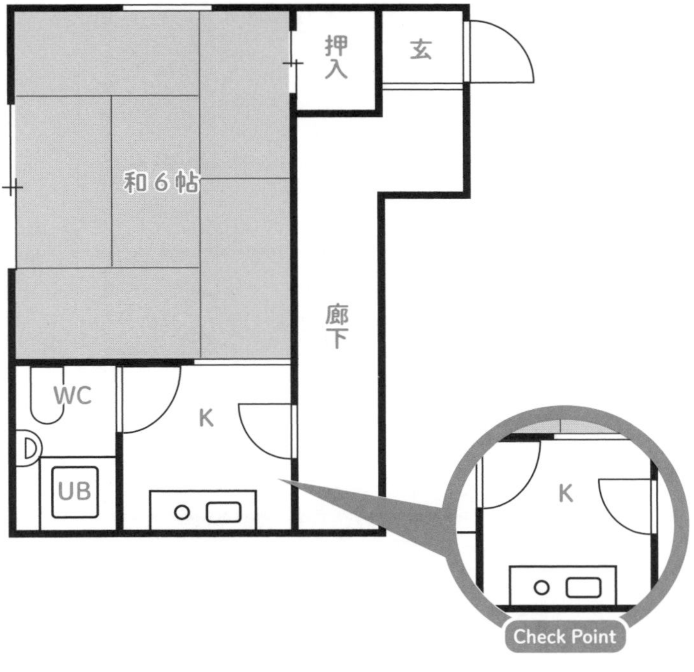

キッチンからでないと入れない和室。廊下には和室への扉はなし。この遠回りせざるを得ない道のりに、テレビゲーム的な感覚を覚えなくもない。

Column

有名漫画に登場する間取り⑪

『Dr.スランプ』則巻家

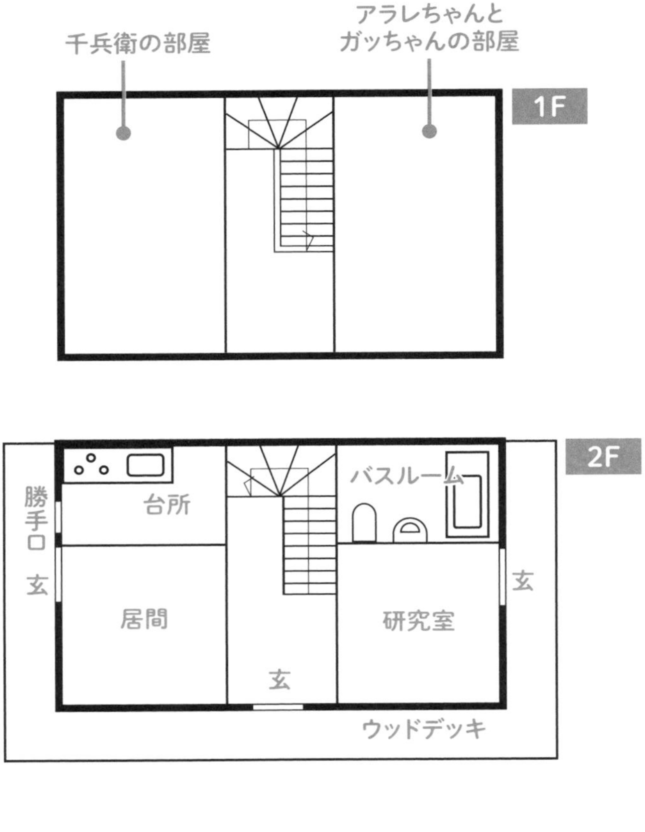

ペンギン村の天才発明家・則巻千兵衛はこの家で数々の発明品をつくった。アラレもその一人。2DK＋研究室という間取りで、のちに千兵衛はみどり先生と結婚し、この家に迎えいれることになる。

Column

有名漫画に登場する間取り⑫

『うる星やつら』諸星家

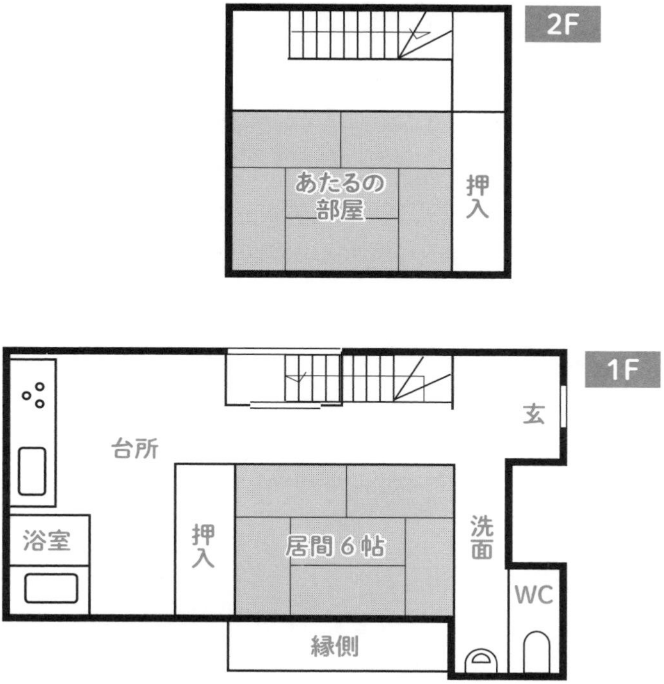

諸星あたるの父親の持ち家。まだまだローンが残っているにもかかわらず、ラムちゃんの電撃によってよく破壊されてしまう。つくりは非常にシンプルで、2階はあたるの部屋のみになっている

Column

間取り雑学⑥

災害から部屋を守る?「高基礎」のメリット

高低差のある土地などに建てられた住居で、建物の基礎の位置が高くつくられた住居を見たことはないでしょうか。このような建物の基礎を「高基礎《こうきそ》」と呼び、日本では古くから採用されてきました。もともとは高湿度から木材を守るために考えられたものなのですが、ほかにも多くの点でメリットがあります。

たとえば、地面と基礎が離れているため木材が腐りにくく、シロアリやねずみの被害にあいにくいという点。また、基礎の下に生まれたスペースを床下収納として有効活用することもできます。

また、高基礎は防犯対策としても優れています。一戸建て住宅のデメリットの1つとして、空き巣に狙われやすいことが挙げられますが、基礎を高くし、窓の高さを地面から2メートルほどにすることで、空き巣に侵入されにくくなります。

さらに、高基礎は大雨などによる河川の氾濫といった水害時に、床上浸水を防いで被害を最小限にとどめることができます。このように、自然災害への備えとしても機能することから選ぶ人も多いのです。

第7章

特徴的なシルエット

特徴的なシルエット

どこかで見たことある、既視感のある形

間取り全体のシルエットが、誰もが知る〝どあるもの〟に見えることがあります。だからと言って、それ自体には何も意味はありません。実用性は皆無だからです。しかし、クスっと笑えてしまう。それだけでいいのです。

柱が目に見えたり、絶妙な曲線が描かれていたり、飛び出た収納や玄関が何かの形に見えたり……。偶然が重なって生まれた奇跡だと言えるでしょう。どうしてこんな間取りになったのだろうかとつい考えさせられてしまうものばかりです。

しかし、さすがにこれは狙ったのではないかと思えるようなものもあります。遊び心が豊かな施主だったのでしょう。まったく実用性のないことにあえて意味とこだわりを見出す、それこそが粋というものです。好きが高じてだとしたら、すごいアプローチの仕方であり、とんでもない愛情表現だなと感心します。

これまでたくさんの変わった間取りを紹介しましたが、この最後の章では、パッと見て何も考えなくても視覚的に理解できる面白い間取りとなっています。

もし、「そんなふうには見えないぞ」と思ったとしても、それを口に出すのは野暮。想像力を働かせて、心の目で眺めてみてください。そうすれば、その姿が見えてくるはずです。

崩れそうなジェンガ

部屋が一段ごとにずれていて、押入のでっぱりも特徴を決定づけている。シルエットだけ見たら、“絶妙なところでバランスが取れているジェンガ”の図だ。

パッ◯マン

食べられてしまいそう

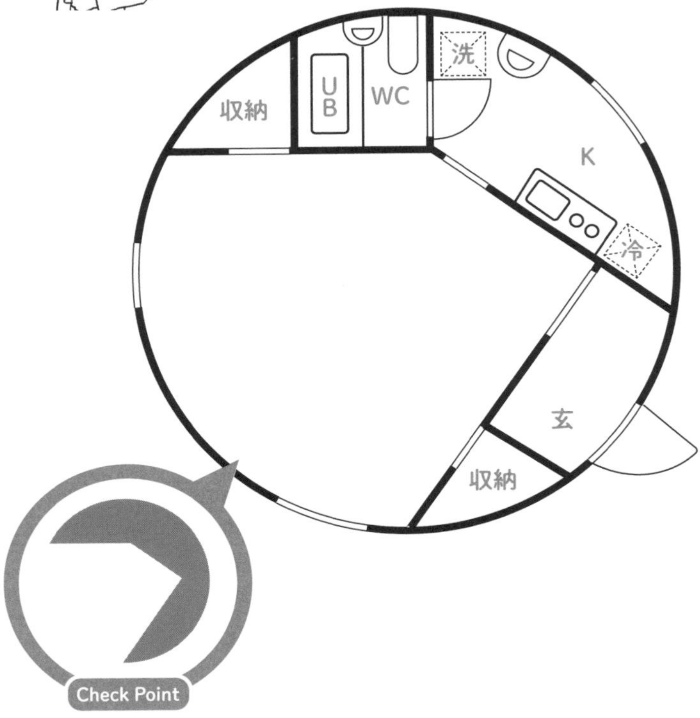

物件が球体の形をしているという点がまず珍しいのだが、水回りや玄関の線によって、某有名レトロゲームのキャラクターをほうふつとさせる形になっている。

じょうろ

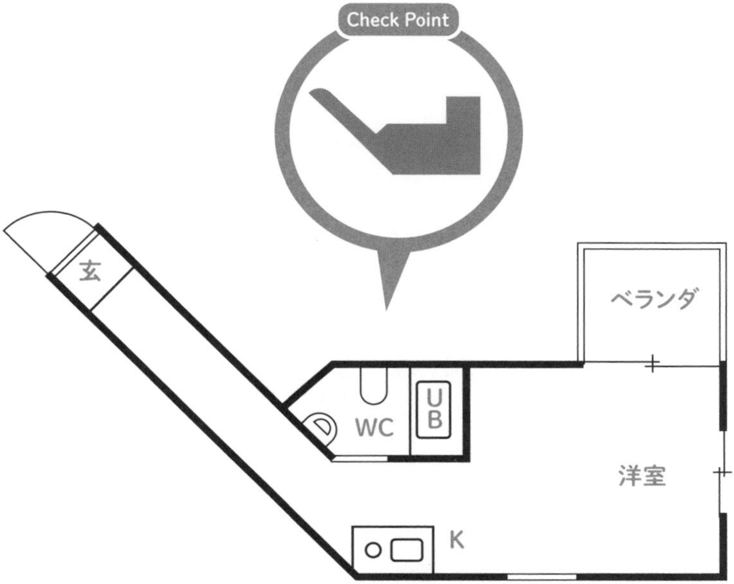

ある意味、ガーデニングが可能な物件

玄関のドアはじょうろの先端。ご丁寧に取っ手までついている。WCのあたりまで水をためたら、花壇へ行ってそそいであげよう。

バッタ

正面を向いてこっちにやってくる

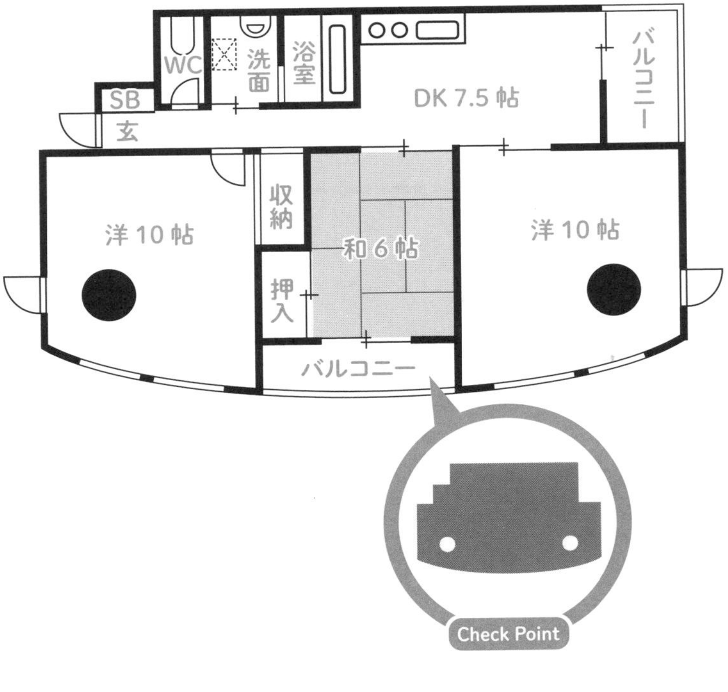

すごい位置にある2つの柱が両目を表していて、間取り全体がバッタっぽくなっている。もっと言うと、ライダー感も否めない。

マウス

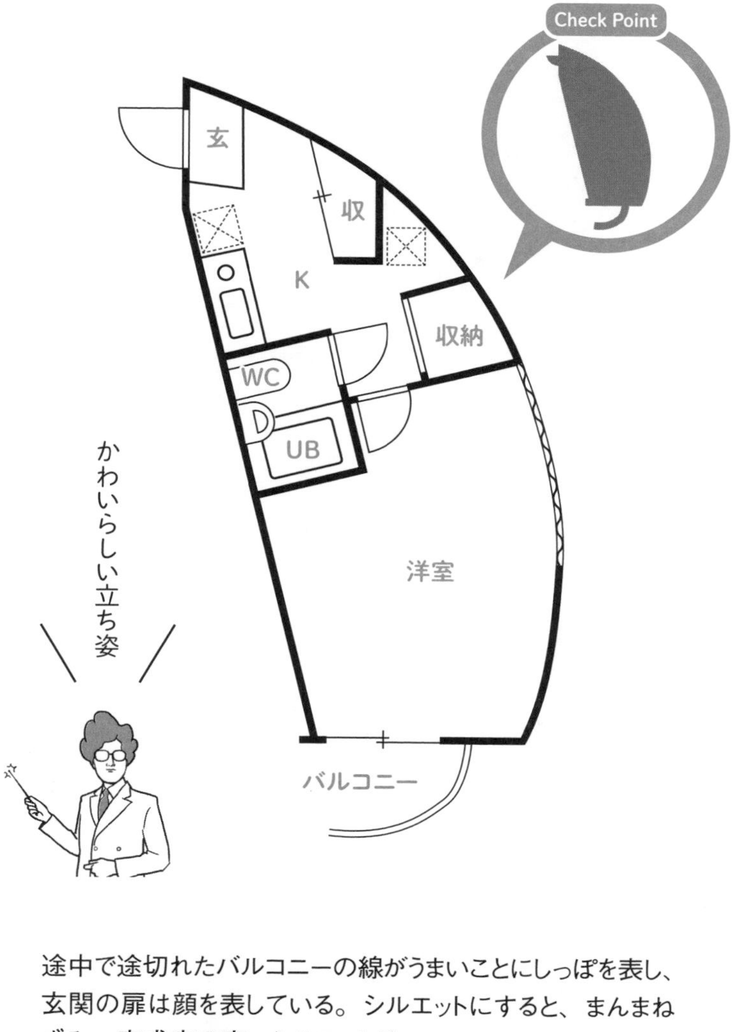

途中で途切れたバルコニーの線がうまいことにしっぽを表し、玄関の扉は顔を表している。シルエットにすると、まんまねずみ。完成度の高いシルエットだ。

ねこ

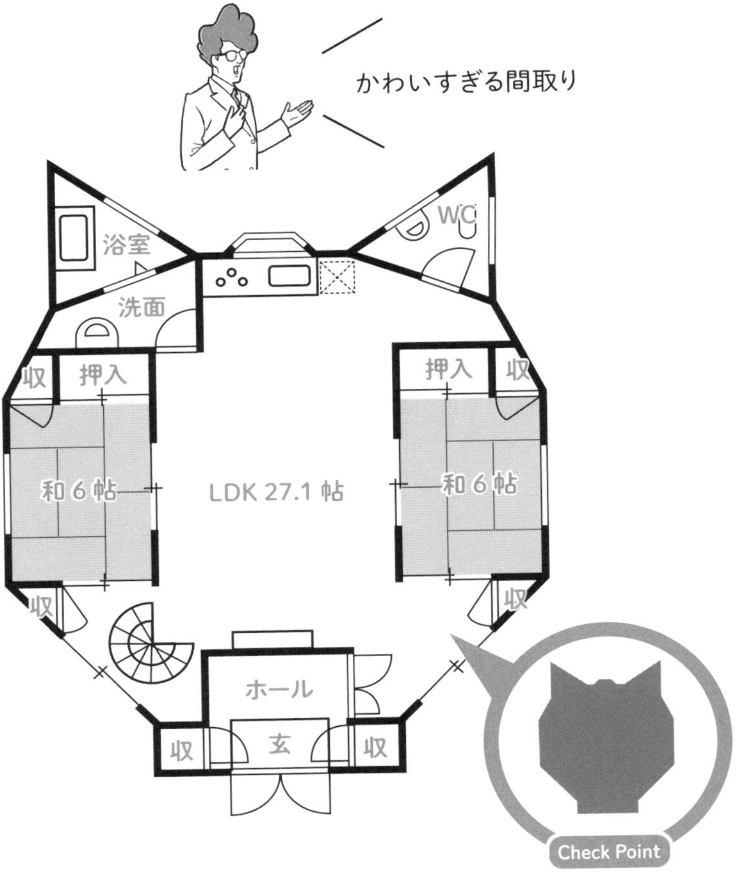

洗面とWCをうまく耳の部分にはめこみ、両ほほに2つの和室。これは偶然ではなく、狙ってつくったのだろう。シルエットがかわいいだけではなく物件の機能としても無駄がなく、こだわりを感じる完成度の高い設計だ。

金魚

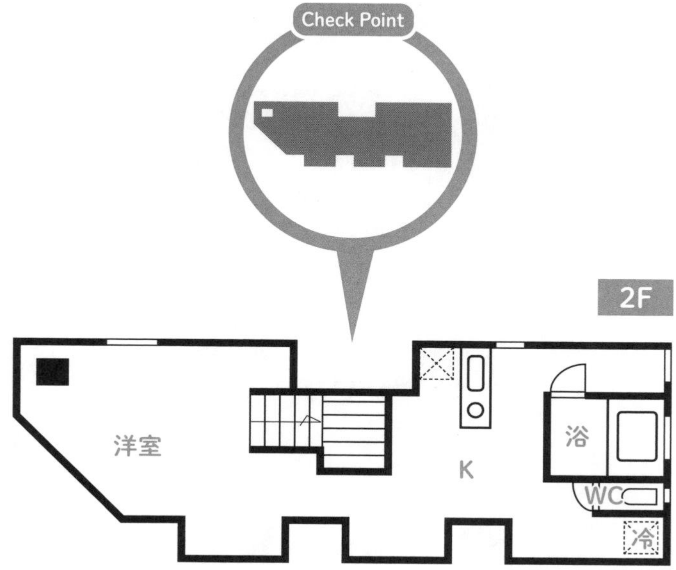

柱が目を表していて、ぱっと見は金魚だ。部屋のところどころにある凹凸、でこぼこ感や横に伸びた部屋の長さがそれっぽさを出している。

ほぼタマゴ

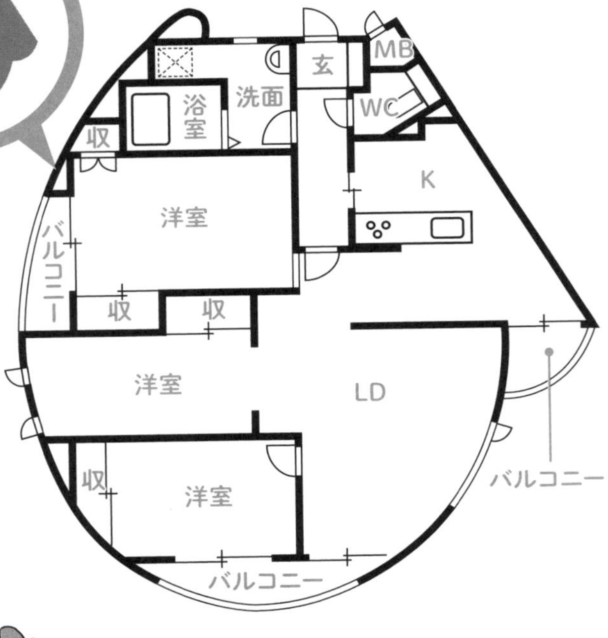

キッチンの壁の部分が直線になっているが、それ以外は美しいまでにタマゴの形。凍らせたゆでたまごを床に落としたらこんな感じになる?

フック

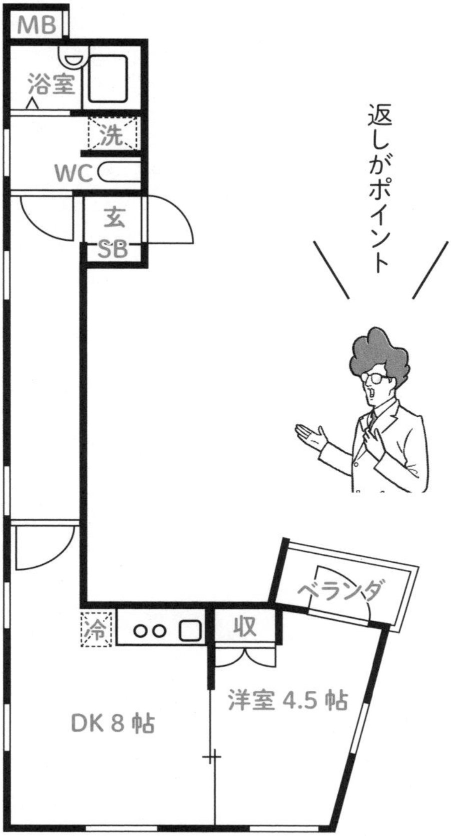

クローゼットにかけられそうだし、もしくは釣り針のようにも見える。ベランダの部分がとっかかりになって、何でも引っかけられそうだ。音符？　反対か。

折って捨てたカッターの刃

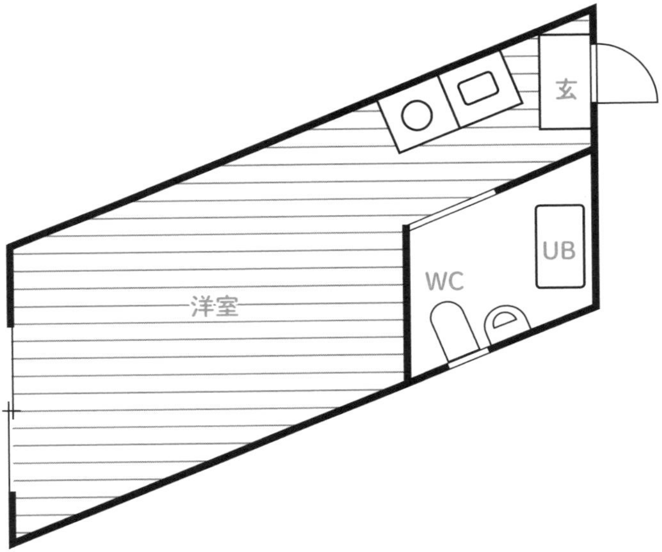

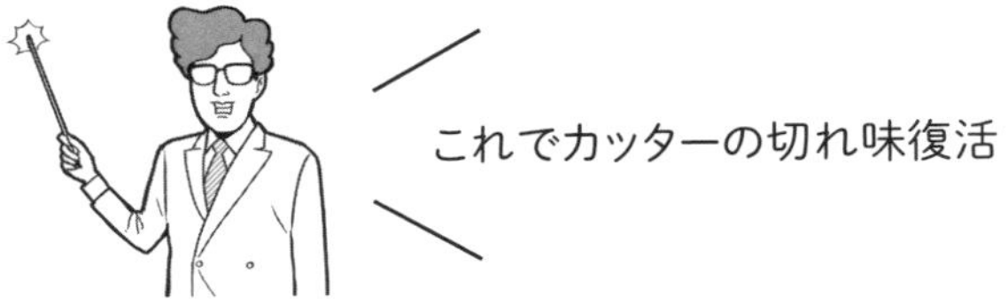

カッターの切れ味が悪くなってきたから、 ペキッと折ったその残骸。 本体が一新したのはいいけど、 残骸はちゃんとティッシュか何かにくるんで捨てないと危ないぞ！

テトリス

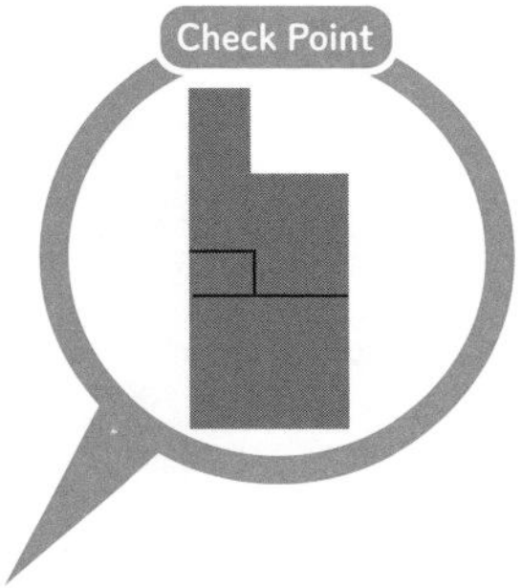

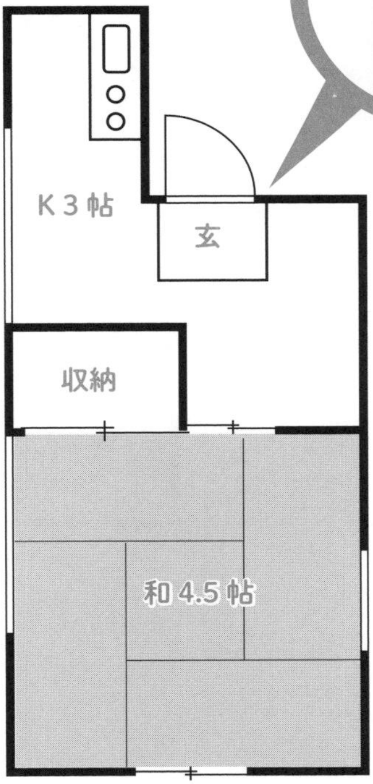

ブロックの上に乗っかったあの形のブロック！　次のブロックに逆L字型がきたら、物入の部分に入れたくなる。

軍艦大和

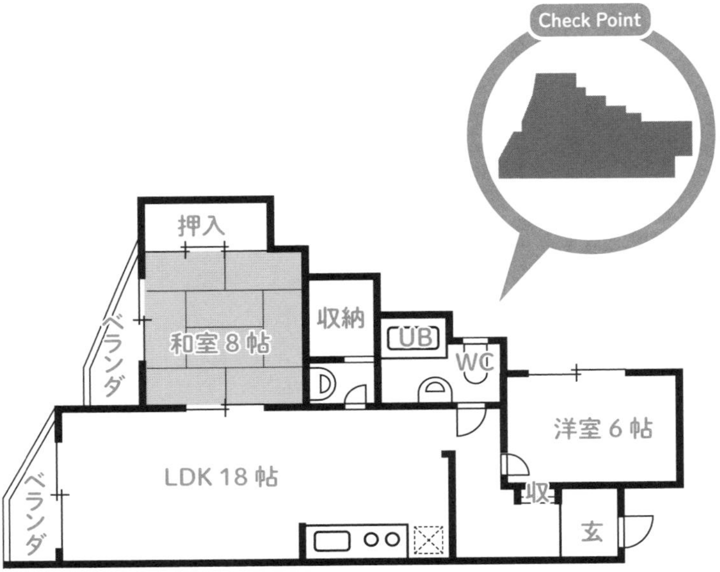

そのシルエットは、まるで軍艦大和。戦時中に活躍した、当時は世界最大級の大きさを誇った日本の戦艦だ。単なる間取りなのに、どこか荘厳なのは気のせいだろうか。

ナタ

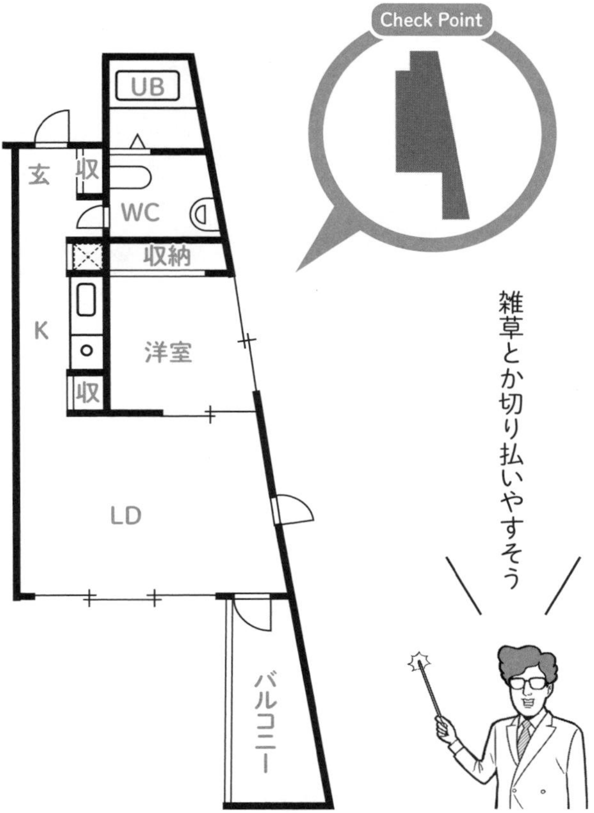

包丁のようにも見えるが、どちらかと言えばナタだ。ベランダの部分を持って、草でも木でもいくらでも刈ったり切ったりできそう。

潜水艦

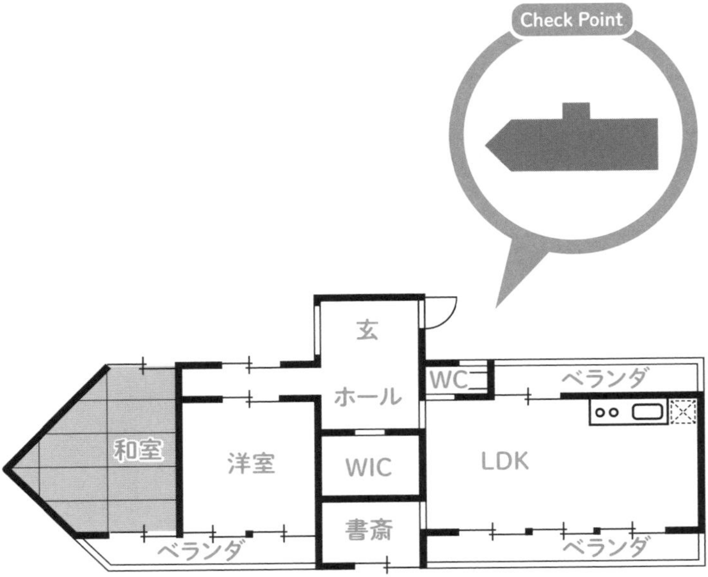

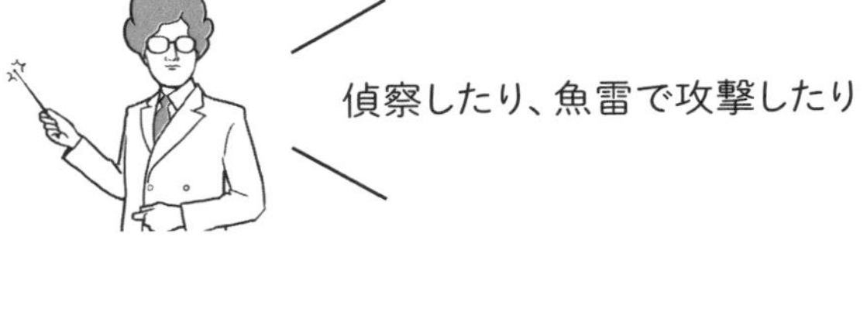

玄関が潜水艦の艦橋《かんきょう》を表している。ここで館長が指揮をとり、和室が先頭となって先に進む。軍事オタクが喜んで住みそうな物件だ。

サッカー選手の控え室

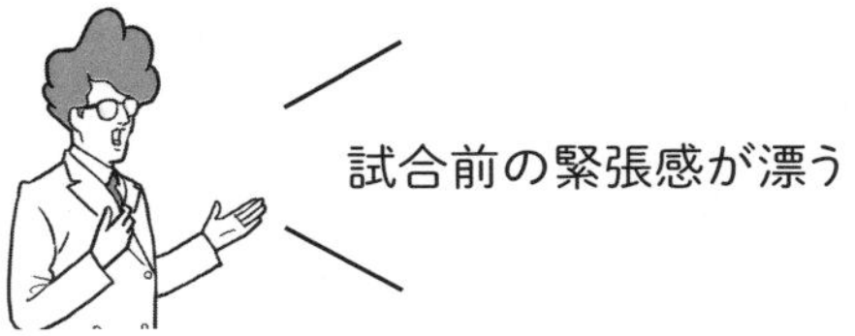

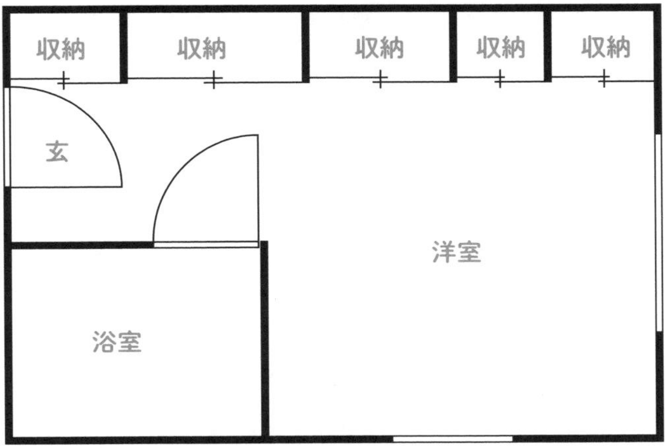

これはシルエットというより、単純にサッカー選手の控室のような部屋となっている。壁際に選手一人一人の持ち場があり、そこで着替えたりするのだ。

二等辺三角形

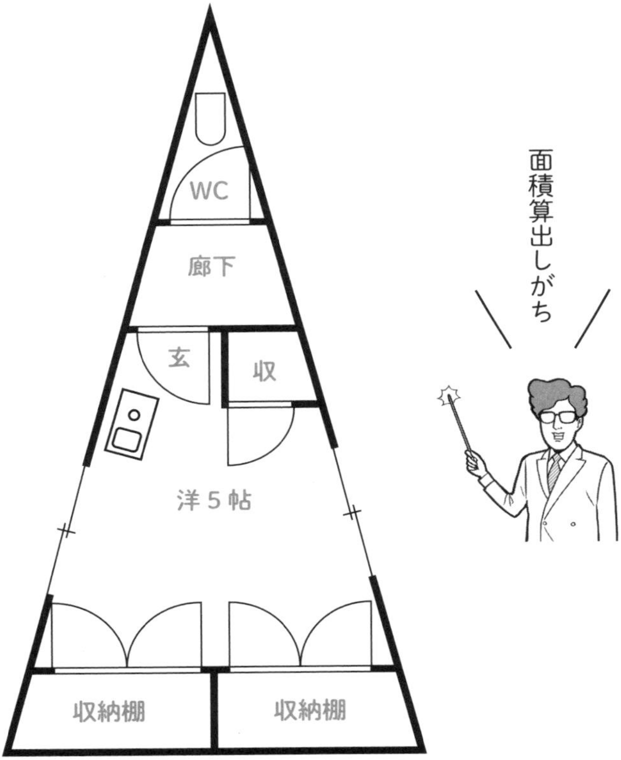

こちらもシンプルに、二等辺三角形そのままの形をしている物件。思わず、底辺×高さ÷2で面積を出してしまいそうになる?

いぬ

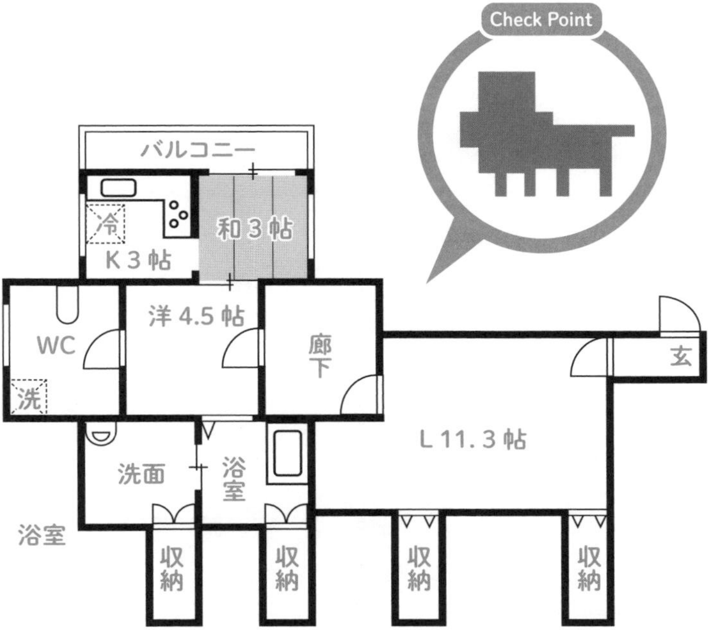

かわいすぎる間取りPart.2

縦長に伸びた収納は、かわいらしいおみ足を表している。
大きめの耳があることから、犬種はプードルかもしれない。
開けた口からは舌を出しているようにも見える。

Column

有名漫画に登場する間取り ⑬

『じゃりン子チエ』竹本家

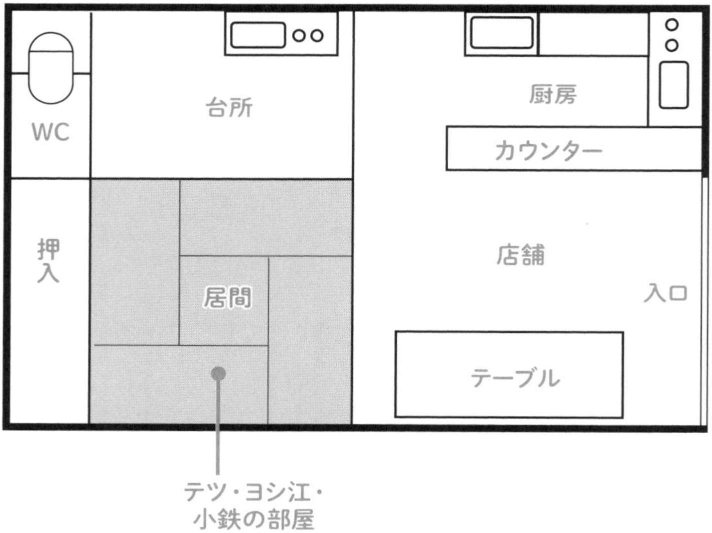

ホルモン屋「テッちゃん」もとい「チエちゃん」のお店兼自宅。厨房でチエちゃんがホルモンを焼き、顔なじみの常連がカウンターでそれを食べる。奥に行くと、家族が生活する和室の居間がある。

Column

有名漫画に登場する間取り⑭

『ブラック・ジャック』ブラック・ジャックの家

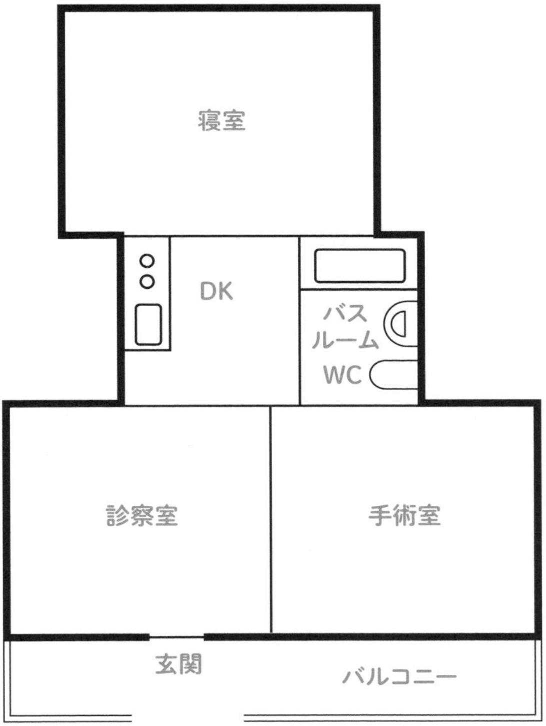

丘の上のがけのふちに建てられた家。玄関を開けると診察室があり、その隣には手術室がある。その奥に進むとブラックジャックとピノコが生活する空間があって、天才闇医者の職場兼自宅となっている。

監修者紹介
トキオ・ナレッジ（Tokio Knowledge）
誰でも知っていることはよく知らないけれど、誰も知らないようなことには妙に詳しいクリエイティブ・ユニット。弁護士、放送作家、大手メーカー工場長、デザイナー、茶人、ライター、シンクタンクSE、イラストレーター、カメラマン、新聞記者、ノンキャリア官僚、フリーター、主夫らで構成される。著書に『正しいブスのほめ方 プレミアム』『ずっと信じていたあの知識、実はウソでした！』(ともに宝島社）など。

参考文献

『名作マンガの間取り』（影山明仁著、SBクリエイティブ）
『間取りの手帖remix』（佐藤和歌子著、ちくま文庫）
『思わずツッコミたくなる！ヘンな間取り300』（ヘンな間取り研究会著、イースト・プレス）
その他、インターネットの各サイト、街の不動産賃貸情報から引用、参考にしました。

STAFF
編集　中原海渡（株式会社G.B.）
デザイン　森田千秋（Q.design）
イラスト　栗生ゑゐこ

眠《ねむ》れなくなるほど面白《おもしろ》い
図解《ずかい》 ヤバい間取《まど》りの話《はなし》

2022年8月10日　第1刷発行

監修者　トキオ・ナレッジ
発行者　吉田芳史
印刷所　株式会社光邦
製本所　株式会社光邦
発行所　株式会社 日本文芸社
〒100-0003　東京都千代田区一ツ橋1-1-1 パレスサイドビル8F
TEL 03-5224-6460(代表)
URL https://www.nihonbungeisha.co.jp/

Printed in Japan　112220729-112220729 Ⓝ01　(300058)
ISBN978-4-537-22016-2

内容に関するお問い合わせは小社ウェブサイト
お問い合わせフォームまでお願いいたします。
ウェブサイト https://www.nihonbungeisha.co.jp/
（編集担当：坂）